Le multimédia mobile

Roger Taakam

Le multimédia mobile

Définition, périmètre, opportunités

Éditions universitaires européennes

Mentions légales / Imprint (applicable pour l'Allemagne seulement / only for Germany)
Information bibliographique publiée par la Deutsche Nationalbibliothek: La Deutsche Nationalbibliothek inscrit cette publication à la Deutsche Nationalbibliografie; des données bibliographiques détaillées sont disponibles sur internet à l'adresse http://dnb.d-nb.de.
Toutes marques et noms de produits mentionnés dans ce livre demeurent sous la protection des marques, des marques déposées et des brevets, et sont des marques ou des marques déposées de leurs détenteurs respectifs. L'utilisation des marques, noms de produits, noms communs, noms commerciaux, descriptions de produits, etc, même sans qu'ils soient mentionnés de façon particulière dans ce livre ne signifie en aucune façon que ces noms peuvent être utilisés sans restriction à l'égard de la législation pour la protection des marques et des marques déposées et pourraient donc être utilisés par quiconque.

Photo de la couverture: www.ingimage.com

Editeur: Éditions universitaires européennes est une marque déposée de
Südwestdeutscher Verlag für Hochschulschriften GmbH & Co. KG
Dudweiler Landstr. 99, 66123 Sarrebruck, Allemagne
Téléphone +49 681 37 20 271-1, Fax +49 681 37 20 271-0
Email: info@editions-ue.com

Produit en Allemagne:
Schaltungsdienst Lange o.H.G., Berlin
Books on Demand GmbH, Norderstedt
Reha GmbH, Saarbrücken
Amazon Distribution GmbH, Leipzig
ISBN: 978-613-1-59210-2

Imprint (only for USA, GB)
Bibliographic information published by the Deutsche Nationalbibliothek: The Deutsche Nationalbibliothek lists this publication in the Deutsche Nationalbibliografie; detailed bibliographic data are available in the Internet at http://dnb.d-nb.de.
Any brand names and product names mentioned in this book are subject to trademark, brand or patent protection and are trademarks or registered trademarks of their respective holders. The use of brand names, product names, common names, trade names, product descriptions etc. even without a particular marking in this works is in no way to be construed to mean that such names may be regarded as unrestricted in respect of trademark and brand protection legislation and could thus be used by anyone.

Cover image: www.ingimage.com

Publisher: Éditions universitaires européennes is an imprint of the publishing house
Südwestdeutscher Verlag für Hochschulschriften GmbH & Co. KG
Dudweiler Landstr. 99, 66123 Saarbrücken, Germany
Phone +49 681 3720-310, Fax +49 681 3720-3109
Email: info@editions-ue.com

Printed in the U.S.A.
Printed in the U.K. by (see last page)
ISBN: 978-613-1-59210-2

Roger Taakam

Le multimédia mobile

Définition, périmètre, opportunités

Remerciements

Ce livre est le prolongement d'une recherche menée à la Faculté de Mathématiques et informatique de l'Université de Picardie Jules Verne (Amiens, France), dans le cadre du Master Sciences et Technologies, spécialité Systèmes d'information multimédia et Internet. Il doit beaucoup aux enseignants qui, de près ou de loin, ont participé à la construction de cette base de connaissance dans un domaine aussi novateur qu'évolutif : les technologies mobiles. Qu'ils y trouvent ma gratitude.

Mes remerciements s'adressent tout particulièrement à MM. Gérard-Michel Cochard et Laurent Josse : le premier pour avoir accepté de tutorer cette recherche et le second pour son remarquable travail comme coordonnateur du Parcours Multimédia de l'IUP MIAGE d'Amiens.

A mes filles :

Jenny, Cindy et Laury

Introduction

Le monde devient de plus en plus mobile. En une décennie seulement, notre univers s'est transformé en un gigantesque laboratoire de réseaux interconnectés, rendant hommes et femmes plus communicants et plus mobiles. Les réseaux cellulaires ou sans-fil se déploient partout à très grande vitesse, transportés à haut débit par les systèmes de télécommunications dits de troisième génération. Les téléphones et autres gadgets de la technoculture prennent possession de nos vies et de nos envies. La convergence des technologies achève cette mutation qui, en repoussant les limites de l'innovation, place l'homme au cœur de la mobilité.

Il devient alors possible de rester connecté en tout lieu et en tout temps ; de communiquer, de s'informer, d'échanger de la voix et des données, grâce à la capacité de plus en plus hallucinante des débits. Les technologies de deuxième génération, autrefois perçues comme une formidable évolution de la téléphonie mobile, ne servent plus que de passerelles vers l'édification de réseaux de télécommunications encore plus puissants, multicanaux et multifonctions. Nous sommes dans l'ère du multimédia mobile.

Cette époque, la nôtre, est celle de la Troisième génération (3G). Une véritable révolution, sans doute la plus importante de l'ère du mobile, en tant qu'elle est porteuse de dynamiques communicationnelles nouvelles et parfaitement innovantes, de services interactifs encore plus attractifs et d'applications mobiles qui, de manière radicale, transforment le quotidien des individus et l'environnement professionnel des entreprises.

Mais à peine est-elle née que la troisième génération est déjà en voie d'être supplantée. C'est que les technologies mobiles, avec leurs applications subséquentes, évoluent à une vitesse vertigineuse. Les modes de transmission en télécommunications s'en trouvent eux aussi modifiés, grâce notamment à la consécration des technologies larges bandes, appelant à une nécessaire codification, par l'activité de normalisation.

Du transport de voix en mode circuit, on est passé au transfert de données en mode paquets, grâce à l'augmentation conséquente des débits. De la simple mobilité qu'offrait le téléphone portable, le monde des télécommunications enregistre une évolution spectaculaire vers une mobilité interactive de type multimédia. Tous les supports, du GSM à la tablette tactile, en passant par le train, les jeux pour enfants, les gadgets, les consoles et supports pédagogiques, tout - ou presque - est maintenant multimédia et mobile. Le podcast, le triple play, le GPS, le smartphone, les consoles mobiles, la télévision interactive, le Wi-Fi avec les limites repoussées par l'ADSL... sont autant d'outils et de supports au cœur du renouvellement progressif de l'écosystème de la mobilité.

A l'origine de ces transformations, la convergence de l'informatique et des technologies sans fil, qui a donné naissance aux applications de télécommunications dites de troisième génération (3G), puis de quatrième génération (4G), véritables accélérateurs de mobilité.

Il en découle des services et des usages divers pour répondre, de manière personnalisée, aux besoins de mobilité des individus autant que des entités professionnelles, favorisant ainsi une véritable culture du nomadisme. La miniaturisation toujours plus ergonomique des terminaux mobiles et l'interopérabilité des réseaux achèvent cette fantastique évolution qui, du coup, installe l'homme dans le confort, certes illusoire mais non surréaliste, du don de l'ubiquité.

Le mobile est désormais partout, profitant des avancées technologiques majeures de l'informatique et des télécommunications. Et le vent de la mobilité continue de souffler, décloisonnant au passage les frontières artificielles héritées des systèmes traditionnels de communication. C'est le triomphe du haut débit et du tout numérique. Et nul ne peut présager jusqu'où nous mènera cette révolution du mobile. On peut néanmoins, en observateur averti, décrire l'ampleur du phénomène, en dressant un panorama des technologies courantes et des applications usuelles, pour tenter de mieux prospecter les horizons du futur.

On le subodore : le multimédia mobile est une notion relativement nouvelle et en perpétuelle évolution. Toute expérience de recherche dans ce domaine est forcément sujette à une certaine marge d'erreur et de limites objectives, liées notamment à la diversité des applications, au renouvellement progressif du parc des terminaux et, surtout, au caractère évolutif des normes et standards mobiles.

Notre contribution, au regard d'une telle problématique, n'en est que modeste. Forcement. Elle n'est pas moins un authentique témoignage de la dynamique d'un secteur qui n'a pas cessé de repousser les limites de l'innovation, tant du point de vue de la technologie que des usages. Elle suggère une approche théorique et pédagogique de l'histoire des technologies de l'information (TI) en général et des technologies mobiles en particulier.

Un ouvrage didactique donc, mais qui n'élude pas les questions systémiques au cœur de la pratique du multimédia mobile.

L'ouvrage s'intéresse à la problématique essentielle de l'évolution constante des normes et applications mobiles et interroge les scénarios fonctionnels de leur déploiement au miroir des opportunités offertes. Il dresse un tour d'horizon des technologies mobiles existantes ainsi que les usages et les enjeux qui en découlent. Bien entendu, son contenu reflète les développements récents du secteur des télécoms dans le monde, mais est appelé à se renouveler au fil des évolutions et transformations subséquentes.

Notre ambition est simple : rassembler, dans un document unique, l'ensemble des connaissances actualisées sur les technologies, les services et les expériences courantes dont est porteur le multimédia mobile. Quelles applications pour quels usages et pour quels marchés ? Telle est la triple interrogation au cœur de la présente publication qui se propose de : faire un état des lieux du multimédia mobile, proposer une grille de lecture de l'évolution des technologies mobiles, esquisser les enjeux du multimédia mobile au travers de ses acteurs et de son potentiel, offrir une base de connaissances consistante pour les débutants en multimédia mobile.

Notre démarche méthodologique quant à elle, est structurée autour de deux axes principaux :

- économie de l'offre technologique en matière de multimédia mobile : recherche online, recherche documentaire (livres et rapports)...
- observation participante.

L'ouvrage en lui même est bâti autour de cinq chapitres qui présentent, tour à tour, l'évolution de la téléphonie mobile, le contexte de naissance du multimédia mobile, les normes et standards de la 3G, les applications et services du multimédia mobile, les opportunités du marché.

I

Evolution de la téléphonie mobile

L'univers de la communication interpersonnelle s'est depuis longtemps enrichi d'un outil particulier : le téléphone mobile. Véritable encodeur du lien social, le téléphone mobile a induit de nouveaux rapports de l'homme aux technologies de l'information, contribuant au fil du temps à l'invention des usages qui évoluent sans cesse, pour s'adapter à chaque situation de mobilité. A travers lui transite des messages instantanés, des mails et de plus en plus de la vidéo. Mais le téléphone mobile n'a pas toujours été ce qu'il est aujourd'hui. Pas plus qu'il n'a toujours été multimédia.

1.1. Naissance du téléphone mobile

Il faut remonter au début des années 50 pour avoir une idée des premiers téléphones mobiles. Encombrants et peu pratiques ils s'intègrent dans les voitures françaises et se basent sur un réseau manuel : pas de possibilité pour plusieurs personnes d'utiliser une ligne de manière simultanée. C'était assez laborieux comme technologie et les utilisateurs étaient peu nombreux à se connecter. Il faudra attendre le début des années 80 pour assister aux véritables prémices de la téléphonie mobile avec l'avènement, en France, du réseau Radiocom 2000[1], et le téléphone du même nom. Ce réseau utilise une bande de fréquence plus élevée que ses prédécesseurs et permet à de nombreux utilisateurs de téléphoner simultanément. Il fonctionne sur un principe dit de «cellules».

Le principe consiste à : partager une zone géographique en plusieurs sous-zones appelées cellules puis affecter une bande de fréquences à chacune des cellules. De la sorte, un téléphone utilisant le réseau Radiocom 2000 est capable de sortir d'une cellule pour se connecter automatiquement à une nouvelle, en réutilisant des bandes de fréquences disponibles. Mais c'est au fabricant Motorola qu'on doit la sortie en 1989 du premier téléphone portable. Il est plus convivial et sa taille plus réduite en fait un parfait outil personnel de communication en situation nomade.

Début des années 90. Le téléphone mobile commence à se démocratiser. Il repose sur la norme GSM (Global System for Mobile Communications), dont le succès des premières expérimentations à cette époque enchante les opérateurs européens. Le sigle GSM, autrefois utilisé pour désigner le Groupe Spécial Mobile[2] change également de signification et devient Global System for Mobile communications (GSM). Les spécifications techniques sont améliorées pour pouvoir fonctionner dans la bande des 1800 MHz. Cette norme est toujours utilisée en Europe et dans de nombreux pays[3] pour les communications téléphoniques, tandis que les États-Unis et le Canada utilisent des bandes de 850 Mhz et 1900 Mhz.

---

[1] Le réseau Radiocom 2000 est exploité par FTM (France Télécom Mobile) et Vivendi (ex Compagnie Générale des Eaux). Il compte quelques 60000 abonnés en 1986, mais France Télécom va être contraint d'arrêter sa commercialisation en 1987 pour cause de saturation.

[2] Le Groupe Spécial Mobile avait été créé en 1982 pour implémenter une norme pour téléphones mobiles

[3] En 2008, on comptait plus de 700 réseaux GSM dans le monde, répartis dans plus de 200 pays.

Côté utilisateur, la norme GSM s'accompagne d'une miniaturisation du téléphone mobile qui, à son tour, s'enrichit de nouvelles fonctionnalités, de nouvelles performances. Et de nouveaux usages. C'est le début d'une formidable aventure...

1.2. De la 2G à la 3G

Au début des années 90, un téléphone de deuxième génération (réseau GSM), permettait à un utilisateur connecté à un réseau et détenteur d'un abonnement, de communiquer avec une autre personne sur le même réseau. Les services proposés étaient certes peu nombreux, mais vu l'intérêt des consommateurs pour cet outil, les opérateurs téléphoniques ont dû s'adapter. Au bout d'une décennie d'existence, le GSM (Global System Mobile) est arrivé à saturation. D'où la nécessité de passer à d'autres technologies plus fonctionnelles et plus orientées vers les besoins de mobilité des consommateurs.

C'est du fabricant norvégien, Nokia, que viendra cette autre révolution. En octobre 1999, la firme met au point un téléphone aux usages pour le moins exceptionnels. Le 7110, nom de baptême de cette petite merveille, permet à ses utilisateurs de naviguer sur Internet. C'est la naissance du WAP (Wireless Application Protocole) qui n'est autre chose qu'une version allégée du web.

Le WAP permet aux consommateurs du mobile de consulter des informations, des plans de route, réserver des places au cinéma ou lire des mails sur un terminal compatible, le tout à un taux de transfert maximal de 9,6 Kbits par seconde. Mais très vite, ses services se sont avérés insuffisants. Il y a donc la nécessité de migrer vers une nouvelle technologie, en l'occurrence, le GPRS (General Packet Radio Service), par la création de bandes de fréquence supplémentaires, favorables à une expansion du réseau.

En 2003, c'est encore Nokia qui va franchir le pas supplémentaire vers la nouvelle génération de mobiles. Surfant sur la vague des ses succès précédents, le constructeur met sur pied un téléphone intégrant une évolution de la technologie CDMA (Code Division Multiple Access Evaluation) qui permet un accès à l'Internet « haut débit », avec une vitesse théorique de 384 Kbps : c'est la naissance de la 3G, encore appelée troisième génération de mobiles. Techniquement, elle est issue de la convergence de quatre secteurs distincts, à savoir : les télécommunications, l'Internet, les médias, l'informatique.

1.3. L'apport de la convergence

En décembre 1997, la Commission européenne a publié un Livre vert intitulé « *La convergence des secteurs des télécommunications, des médias et des technologies de l'information, et les implications pour la réglementation* ». Constatant le rapprochement technologique - et donc commercial et industriel - de ces trois services jusqu'alors séparés, ses auteurs[1] ont fondé leur approche sur la polyvalence des réseaux.

La notion de «convergence », selon eux, renvoie à la capacité de différentes plateformes de transporter des services similaires, en permettant l'accès à tout type de contenu et de services de manière indifférenciée, quels que soient le terminal, le réseau et l'usage. Alors que dans l'univers analogique, les réseaux étaient conçus et configurés dans leur infrastructure pour donner accès à un certain type d'information, la convergence vient fusionner les domaines autrefois séparés de l'informatique, des télécommunications et de la radiodiffusion.

---

[1] Martin Bangemann et Marcelino Oreja (commissaires européens)

La convergence numérique est à l'origine de formidables mutations survenues ces dernières années dans le secteur des télécommunications, donnant naissance, pour le cas de l'Europe par exemple, à une nouvelle recomposition du paysage de communication et des médias. Des compagnies de téléphone sont maintenant des réseaux de télévision ; les fournisseurs d'Internet sont devenus des développeurs de terminaux mobiles. Des chaînes de télévision font fortune grâce au e-commerce. Et les sociétés de logiciels sont des empires de télévision par câble.

Dans le secteur de la téléphonie mobile, la connectivité universelle tend à être une réalité de même que l'interopérabilité des réseaux. On assiste à un maillage planétaire des infrastructures filaires (RTC ou ADSL) et mobiles (GPRS, Wi-Fi publics, Wimax, UMTS, UWB, 3G, Edge... rendant possible le multimédia mobile. Ici, la convergence revêt trois dimensions :

- la convergence des services et des applications,
- la convergence des terminaux,
- la convergence des réseaux.

La convergence numérique renforce la mobilité des hommes en rapprochant les entités géographiques autrefois éloignées. Les terminaux mobiles, révélateurs de cette dynamique de la communication multimédia mobile, concentrent désormais une multitude d'applications et de services à l'origine de nouvelles codifications du lien social : envoi des MMS (Multimedia Messaging Messages), c'est-à-dire des textos multimédias, stockage d'images, du son et de la vidéo, ou encore les jeux électroniques. De sorte qu'au final, le téléphone portable s'apparente bien plus à une sorte de petit ordinateur de poche qu'à un gadget permettant de passer un simple appel. Toutes choses qui ont littéralement bouleversé les habitudes d'utilisation traditionnelle de la téléphonie mobile. Et le meilleur est à venir...

1.3. Demain, le téléphone intelligent

Aujourd'hui, le téléphone mobile permet déjà d'apporter des services de communication multimédias, supporter des applications bancaires, administratives, médicales, scolaires et professionnelles, etc. On est bien loin du simple objet qui, autrefois, tout en restant élitiste, ne servait qu'à transporter de la voix. L'outil est appelé à se démocratiser davantage en s'incrustant un peu plus dans nos vies et nos envies.

Le téléphone de demain sera un téléphone multifonction qui nous permet d'être partout à la fois, de tout faire à distance, où que nous soyons. Par exemple : pilotage à distance des objets communicants de la maison, achat de tickets de transport, travail à distance, gestion du temps (agenda), connexions sociales (famille, amis, groupes professionnels...), consultation médicale à distance, paiements électroniques, réservations d'hôtels, bref, une sorte de couteau suisse sous forme de télécommande qui, en plus de ses fonctions habituelles, servira à la fois de clé pour la voiture, de guide (géolocalisation), de manette pour console de jeu, de porte-monnaie électronique, d'outil d'identification personnelle, etc.

A terme, les terminaux portables bas de gamme (équipés uniquement de GSM) devraient disparaître pour céder la place à ces terminaux dits « intelligents ». Cet avatar de l'homme, c'est le smartphone, prototype vivant du mobile multifonction qui profitera encore des offres haut débit à venir (4G, Wimax, Wi-Fi...) pour relier le tout-communicant.

Tableau 1 : Evolution des normes de la téléphonie mobile

Année	Génération	Caractéristiques
1990	Réseau 2G (GSM)	Optimisé pour les services voix Support des transferts de données plafonné à 9,6kbit/s Coeur de réseau circuit (sur le modèle du RTC)
1995	Réseaux 2,5G Internet Mobile	Transfert des données à 170 kbit/s via GPRS Réutilisation maximale des infrastructures GSM
2000	Réseau 3G (3GPP-UMTS) Multimédia Haut-débit	Nouvelles interfaces Radio Introduction du domaine IP Multimédia pour la voix sur IP Réutilisation maximale du réseau GSM/GPRS (CN) Interface radio WCDMA, UTRAN avec ATM (fin 2000) NGN circuit + UTRAN avec IP (fin 2001) Domaine IP multimédia, Appel VoIP (fin 2002)
2008	LTE (4G) Long Term Evolution	Evolution logique du GSM et de la 3G Débit élevé Réduction du temps de latence, accroissement du nombre d'appels par cellule...

II

Qu'est-ce que le multimédia mobile ?

2.1. Définition

Le multimédia mobile fait référence à un ensemble de technologies, de services et d'applications numériques dont l'exploitation sur un réseau de télécommunication mobile permet le stockage, la transmission et l'utilisation de données, voix, textes et images en contexte nomade. On parle aussi de multimédia nomade pour traduire la capacité d'un utilisateur à se connecter en tout lieu, à tout instant, avec un terminal de son choix, en situation d'itinérance.

Issu de la convergence des technologies du multimédia d'une part, qui autorisent la numérisation de données, et des technologies du mobile d'autre part, qui permettent la transmission de voix et de données en mobilité, le multimédia mobile s'adosse sur la 3G, la norme de troisième génération de communications mobiles, dont il exploite l'infrastructure, la richesse applicative et la puissance des débits.

Avec la 3G, on est passé du transport de voix en mode circuit (GSM) au transfert de données en mode paquets (GPRS, UMTS...), grâce à l'augmentation conséquente des débits. De la simple mobilité qu'offrait le téléphone portable (GSM), le monde des télécommunications enregistre une évolution spectaculaire vers une mobilité interactive de type multimédia.

Le système 3G permet un accès personnalisé aux services internet pour répondre aux besoins des personnes en déplacement, par le biais d'applications multimédias utilisant l'image, la vidéo, le son et la voix. Combinant la technologie mobile sans fil avec une capacité de transmission de données à haut débit, il permet aux utilisateurs détenteurs de terminaux compatibles d'accéder à une nouvelle qualité de services mobiles basés sur la capacité d'itinérance mondiale : services personnalisés, transmission mobile de données, services de transaction et services localisés.

Mais le multimédia mobile n'est pas, à proprement parler, une technologie, plutôt un continuum d'applications complémentaires et convergentes dont l'utilisation combinée permet de répondre au besoin humain de communication en contexte nomade et de manière simultanée : ce qui caractérise le multimédia mobile, c'est la continuité du réseau et l'interopérabilité des systèmes.

Cette dynamique a donné naissance à un nouvel usage du mobile : la communication mobile multimédia, en voie de généralisation partout dans le monde. Elle profite de l'augmentation progressive des débits de télécommunications mobiles et de l'interopérabilité des réseaux de troisième, puis de quatrième génération. Le mobile devient multimédia et le multimédia s'opère dans la mobilité, rendant possible le rêve du tout communicant. Tout –ou presque- est maintenant multimédia et mobile, grâce à l'émergence d'objets communicants tels les capteurs, les actuateurs, les étiquettes, les identités électroniques...

2.2. Spécificités du multimédia mobile

Le multimédia mobile est porteur de deux technologies intégrées et complémentaires : le multimédia et les applications mobiles.

- **Le multimédia**

Il fait référence à une multiplicité de données numérisées relevant de genres différents (texte, son, images fixes ou animées...), réunies dans un ensemble homogène et sur un support unique (physique ou partagé), rendues interactives par la présence essentielle d'un système de navigation qui sous-tend et organise l'œuvre globale[1].

- **Les applications mobiles**

Elles ont pour socle la radiotéléphonie, c'est-à-dire la transmission de la voix sous forme d'onde radio (à des fréquences dans la bande des 900 et 1 800 MHz) entre une base qui couvre une zone de rayon de plusieurs dizaines de kilomètres et le téléphone portable de l'utilisateur.

2.3. Supports et outils de la mobilité

De part sa diversité, l'univers des terminaux est sans doute le révélateur le plus frappant de la dynamique du monde mobile. Jusqu'à une époque récente, on connaissait comme seuls objets communicants les téléphones et les ordinateurs. Mais de plus en plus, la miniaturisation des puces, des mémoires, des antennes et des batteries permet aujourd'hui d'ajouter des capacités d'acquisition, de traitement, de stockage, de communication et même d'action à un nombre croissant d'objets rendus «intelligents».

---

[1] Définition de la SCAM (Société Civile des Auteurs Multimédia)

2.3.1. Les terminaux mobiles

Performance et miniaturisation sont les moteurs du développement du mobile. Toujours plus performants, les terminaux mobiles sont de plus en plus petits, légers, puissants et, permettent un accès au réseau à partir de n'importe quel endroit et en permanence : messagerie, contenus Wap, visiophonie, vidéo, télévision... Les téléphones compatibles avec les réseaux haut débit mobile offrent un panel de services de plus en plus variés.

Que ce soit en usage personnel ou en entreprise, les services et applications mobiles peuvent être fournis pour n'importe quel type de terminal (PDA, ordinateur, tablette, etc.), via n'importe quel type de réseau (fixe, sans fil, etc). Nous nous limitons ici explorer les catégories de terminaux mobiles les plus populaires qui permettent d'avoir une connexion de type multimédia en situation de mobilité. Elles sont au nombre de cinq:

- Les PC portables et Tablet PC

- Les assistants numériques ou PDA

- Les Smartphones

- Les terminaux convergents

- Les tablettes tactiles.

1.   PC portables et Tablet PC (e-books)

C'est un ultra-portable avec toutefois des caractéristiques spéciales : son écran est tactile, il reconnaît votre écriture grâce à un stylet, et la transforme en texte. L'unique charnière centrale de son écran permet à ce dernier de pivoter et se rabattre sur le clavier. L'ultra portable (ou Note Book) fait figure d'intermédiaire entre, d'une part, l'encombrement d'un ordinateur et sa richesse applicative et, d'autre part, les PDA, plus mobiles mais moins efficaces.

Lancé en novembre 2002, le Tablet PC était, jusqu'à l'arrivée des tablettes tactiles (l'iPad notamment), le parfait outil de la mobilité pour les professionnels. Son ergonomie générale en fait aussi un objet attachant. Plus petit et plus léger que les portables (1,3 kg en moyenne), il se révèle en outre beaucoup plus facile à transporter. En un clic, l'affichage bascule du mode portrait au mode paysage, afin d'optimiser la relecture d'un document ou la consultation de photos.

Le secteur de l'éducation, les professionnels de santé, de même que les commerciaux, ont été les premiers à plébisciter cet outil grâce à la possibilité qu'il offre à exploiter de manière plus interactive des présentations Powerpoint, par exemple : cercler les points importants, tracer des flèches, ajouter des notes aux diapositives...

2.   Assistants numériques ou PDA

Le PDA (Personnel Digital Assistant) ou assistant numérique personnel, est un ordinateur de poche faisant office d'assistant personnel. Un PDA est à l'origine un agenda électronique destiné à la prise de rendez-vous, à la planification des tâches et au stockage de données personnelles. Il s'est, depuis, beaucoup enrichi en fonctionnalités communicantes (push mail, carte 3G, Bluetooth, etc.).

Il ne remplace pas le PC portable dans toutes les situations, mais permet d'avoir accès en permanence à ses emails, ses contacts, son agenda, ses tâches et ses notes. Ces deux types d'appareils ont des fonctions bien distinctes : le PDA est destiné de manière plus spécifique à remplir un rôle de consultation de tous types de documents, bien qu'il permette d'en créer; tandis que l'ordinateur portable est un poste de travail complet.

Les PDA intègrent généralement des technologies telles que :

- le GSM et GPRS permettant d'établir une connexion de n'importe où, à travers le réseau de téléphonie mobile ;

- le Wi-Fi permettant d'établir une connexion sans fil dans des lieux mettant à disposition des antennes compatibles ;

- le Bluetooth, un protocole de communication sans fil à courte portée, permettant d'établir une connexion entre tous types d'outils supportant cette norme. Par exemple, un ordinateur et un PDA peuvent se connecter via Bluetooth à un téléphone mobile pour accéder à Internet.

Les premiers PDA ne comportaient à l'origine que des fonctions de base d'un téléphone mobile ordinaire, avec néanmoins quelques évolutions. Aujourd'hui, l'offre de fonctionnalités est bien plus étendue. La plupart des PDA actuels proposent un menu varié comprenant notamment : une calculatrice, un agenda, un mémo, une alarme, un carnet d'adresse, un lecteur de fichier audio (Mp3/Wma), un lecteur de fichier vidéo (Divx, Mpeg4), un appareil photo, des jeux, des logiciels de messagerie, un GPS... Prévu à la base pour un usage professionnel, le PDA est devenu, au fil des années, plus polyvalent et conquis ainsi un public bien plus large.

- Dans le domaine professionnel : il permet le stockage de notes importantes, la planification de rendez-vous, la possibilité d'envoyer des mails ou encore la capacité de stocker des informations de type client/fournisseur ou autres dans un répertoire. La fonction GPS peut aussi être utilisée, notamment dans le secteur du transport routier.

- Dans le domaine privé : le PDA est doté d'un répertoire personnel ; il offre la possibilité de prendre des photos, stocker de chansons au format Mp3, enregistrer ou visualiser des vidéos au format Mpeg4...

3.   Smartphones

Les smartphones sont des téléphones dits intelligents. Ils assurent en priorité les fonctions de communication et de navigation sur internet. Ces terminaux, proposés à la fois par les constructeurs informatiques et les équipementiers télécoms, associent les fonctions des assistants personnels et celles des téléphones mobiles. Un utilisateur de smartphone consomme deux fois plus de voix, et dix fois plus de «data» (données, mail, accès Internet) qu'un utilisateur de téléphone mobile ordinaire. Des millions d'utilisateurs[1] à travers le monde l'ont adopté. Le monde professionnel aussi s'intéresse à ses fonctionnalités plurielles et ergonomiques. Pour les opérateurs, il représente une solution facile pour fournir le contenu multimédia aux clients mobiles en leur évitant des configurations longues et compliquées.

Un cas particulier (l'iPhone de Apple) a bouleversé le marché sur lequel trônait jusque-là le Blackberry de la société RIM (Research In Motion). Le Blackberry a certes son avantage, le «push» : il reçoit les e-mails au fur et à mesure de leur arrivée dans l'entreprise (pour ceux qui l'utilisent en environnement professionnel). Mais l'iPhone, séduit davantage : d'abord par son écran tactile, sa simplicité dans la pure tradition d'Apple et la plus grande diversité des applications offertes. Il s'adapte aussi bien en environnement privé qu'en usage professionnel.

4.   Terminaux convergents

Il existe de plus en plus de terminaux supportant tous les réseaux voix et données à la fois (GSM, GPRS, EDGE et 3G). Les professionnels sont demandeurs de ce type de produits à la fois simples et performants, rassemblant toutes les applications mobiles avec bluetooth, Wi-Fi, etc.

---

[1] Environ 462 millions de smartphones vendus dans le monde en 2011, soit 60% de plus qu'en 2010

Dotés de systèmes d'exploitation évolués comme Androïd, iOS, Symbian, RIM, etc., ces terminaux sont des appareils électroniques situés à la convergence de trois secteurs : l'électronique, les télécommunications et les technologies de l'information. Leurs fonctionnalités sont multiples et répondent aux exigences du multimédia mobile à travers quatre principales tâches : la communication (email), le surf sur internet, les divertissements (vidéo, musique) et les outils bureautiques.

En environnement professionnel, l'usage des terminaux convergents est source d'efficacité, de productivité et d'économie pour l'entreprise. Ils permettent la synchronisation des informations personnelles et/ou des courriels avec des serveurs, des postes de travail ou des ordinateurs portables. Connectés sur internet, les employés accèdent au système d'information d'entreprise avec leur propre terminal, tout en restant concentrés sur leurs activités privées. Sur le marché, on trouve des solutions mobiles professionnelles personnalisables offrant un niveau de fiabilité et de sécurité plutôt confortables.

5. Les tablettes tactiles

Une tablette tactile est un mini-ordinateur multimédia sans clavier alliant les fonctionnalités d'un ordinateur classique et d'un téléphone mobile. L'iPad, le tout premier modèle de ces appareils hybrides, a été construit par Apple et mis en vente dès avril 2010. Le succès était au rende-vous, entraînant dans son sillage un développement rapide du secteur. L'engouement est telle que tous les équipementiers de mobiles –ou presque- se sont mis à développer leurs propres modèles.

Mais au-delà de la bataille que se livrent les grands constructeurs, se cache de nouveaux enjeux de la mobilité : pour les constructeurs de systèmes d'exploitation mobiles, c'est l'effet stimulant des applications métiers et de productivité individuelle dont la diffusion devrait doper les ventes de ces types de terminaux ; pour l'utilisateur, c'est la révolution induite par la tablette tactile, qui permet d'élargir les horizons de l'Internet mobile, suggérant par la même occasion de nouveaux usages du multimédia mobile. Par exemple, la consommation de produits culturels comme le livre, le jeu vidéo, la musique, l'information, le cinéma... désormais accessibles en grand format, et en situation de mobilité.

2.3.2.   Les plateformes mobiles

1.   Systèmes d'exploitation mobiles

De plus en plus de terminaux mobiles (smartphones, téléphones, PDA, tablettes...) sont dotés d'un système d'exploitation mobile tel que Androïd de Google, iOS de Apple, HPweb Os de Palm, Symbian de Nokia, Linux Embedded, BlackBerry de RIM, Windows Mobile et Windows Phone de Microsoft... Ce sont des outils performants qui permettent à un téléphone mobile, en plus de ses fonctions standards, d'avoir accès en toute simplicité et de n'importe où, à des applications web, des outils multimédias, des données de messagerie électronique... par me biais d'un réseau téléphonique mobile (GPRS) ou en utilisant un réseau local sans fil (WLAN).

Début 2011, deux systèmes d'exploitation se disputaient le marché des PDA et smartphones : d'un côté, Androïd, et de l'autre, Symbian, avec un avantage depuis peu au premier dû a son interface simple et attractive (il est conçu pour les écrans tactiles). A eux deux, Symbian et Android monopolisaient en 2010 près de deux tiers du marché, laissant quelques marges à iOS d'Apple, suivi de près par Blackberry, Windows mobile et Windows phone.

Tableau 2 : Les plateformes mobiles

Systèmes d'exploitation (OS)	Fabricant	Langage de programmation	Date de lancement
iPhone OS	Apple	Objective-C	Juillet 2008
LiMo Platform (Linux)	LiMo Foundation	Java, native (C/C++)	Automne 2009
Windows Mobile	Microsoft	Visual C#/C++	Automne 2009
Palm Os	Palm	C/C++	Juin 2009
Brew	Qualcomm	C/C++	Mai 2008
BlackBerry Os	RIM	Java	Avril 2009
Symbian	Symbian Foundation	C++	Mai 2009
Android	Google	java	Avril 2010

2. Les DECT (Digital Enhanced Cordless Telephony)

La technologie DECT (Digital Enhanced Cordless Telephony, norme européenne) permet la mise en place d'un réseau interne de téléphonie sans fil et donc la mobilité téléphonique au sein même de l'entreprise. La voix est numérisée, ce qui offre une grande qualité d'écoute (semblable à un Compact Disc), et les conversations sont codées et protégées pour assurer une sécurité maximale et éviter toute écoute inopportune. Des bornes sont installées dans les locaux de l'entreprise en fonction de la couverture souhaitée.

2.3.3. Les applications embarquées

1. GPS

Souvent associé à un produit, le GPS (Global Position System) désigne en réalité une technologie. Le GPS permet d'obtenir sa position à tout moment que ce soit sur la terre, en mer ou dans les airs. Il s'appuie sur un réseau de satellites créé et développé par le gouvernement américain, initialement à des fins militaires. L'ouverture à une utilisation civile en 1993, a entraîné l'apparition de services exploitant le GPS : géolocalisation, gestion de flotte de véhicules, navigation routière assistée...

Le marché de la navigation par satellite, essentiellement occupé aujourd'hui par le GPS américain, est estimé à 90 milliards d'euros pour la période 2010-2030.

2. Galileo

Après plusieurs années de recherches et d'études, l'Europe s'est décidée à lancer un service concurrent au GPS américain. Galileo devrait profiter des avancées technologiques pour offrir des services beaucoup plus complets et surtout offrir une précision bien supérieure : celle-ci sera inférieure à 10 mètres et pourra atteindre un mètre avec des systèmes de correction intégrés. Contrairement au système américain qui reste encore sous contrôle militaire, Galileo sera sous contrôle civil, permettant ainsi l'accès à un grand nombre d'utilisateurs aux usages en contexte mobile. Galileo pourrait être opérationnel fin 2014.

III

Normes et standards du multimédia mobile

3.1. Considérations sur les normes télécoms

Une norme désigne un ensemble de spécifications décrivant un objet, un être ou une manière d'opérer. Il en résulte un principe servant de règle et de référence technique. La norme peut être encore définie comme un document écrit qui définit les caractéristiques techniques d'un produit ou d'un service. Elle est de nature non obligatoire et doit être homologuée par un organisme reconnu[1].

Dans le domaine des télécommunications, l'interopérabilité des systèmes et équipements est à la base de l'activité de normalisation qui permet aux opérateurs d'asseoir leur innovation sur des standards et des

---

[1] - ETSI : organisme de standardisation européen à l'origine du GSM, GPRS, DECT, et l'EDGE. Il a eu la volonté de lancer l'UMTS en le gardant compatible avec le GSM et ses évolutions. (http://www.etsi.fr)

- 3GPP : Organisme de travail sous l'égide de l'ETSI regroupant aussi ses homologues Américain, Japonais et Chinois, il a pour mission de travailler sur les normes de la 3G et ses futures évolutions (http://www.3gpp.org)

protocoles précis, sous le contrôle étroit des organismes de normalisation et de standardisation.

La normalisation crée les conditions nécessaires à une interopérabilité internationale souhaitée par les consommateurs, en harmonisant les pratiques industrielles afin de faciliter, la compatibilité technologique et géographique chez l'utilisateur final et en réduisant les coûts de développement et de production chez les industriels. Lorsqu'une norme prend une dimension internationale, le marché des équipements s'agrandit dans les mêmes proportions. « *Il est alors possible de réaliser de fortes économies d'échelle apportant au consommateur final le bénéfice de produits meilleur marché et de qualité technique supérieure* »[1].

C'est au sein de l'UIT (Union Internationale des Télécommunications) qu'est née l'activité de normalisation des systèmes mobiles de troisième génération, avec pour ambition de définir une norme mondiale qui se substituerait aux systèmes existants. Le standard en matière de téléphonie 3G a été fixé en 1999. Baptisé IMT 2000 (International Mobile Telecommunications - 2000), ce système a pour objectif principal d'offrir des services mobiles multimédias haut débit tout en permettant une itinérance mondiale de ses utilisateurs.

Les IMT-2000 offrent un cadre pour l'accès hertzien dans le monde entier en reliant les divers systèmes de réseau de Terre et/ou de réseau à satellite. Le concept permettra de tirer profit des synergies potentielles entre les diverses techniques de télécommunication numérique et les systèmes d'accès hertzien fixe et mobile. L'UMTS est un des systèmes IMT 2000.

Dans le domaine des IMT-2000, l'UIT déploie un grand nombre d'activités: normalisation internationale, notamment en ce qui concerne le

---

[1] Vincent & Dubreuil, Le Marketing du Multimédia mobile, page 13

spectre des fréquences radioélectriques et les spécifications techniques des équipements de radiocommunication et des équipements de réseau, tarification et facturation, assistance technique, études sur des questions de réglementation et de politique générale.

Le 3GPP (Third Generation Partnership Project) est le principal architecte de la normalisation. Ce forum de normalisation développe, depuis 1998, les spécifications techniques de l'UMTS pour les proposer ensuite à l'UIT. Il est ouvert à toutes les instances de normalisation et rassemble, outre l'ETSI européen, des organismes similaires aux Etats-Unis, au Japon, en Chine et en Corée du Sud. A travers eux, ce sont les principaux constructeurs et opérateurs des grands pays industriels qui construisent les spécifications techniques. Ces spécifications sont ensuite soumises aux différentes instances de normalisation.

Chaque version de la norme UMTS (ou release) du 3GPP constitue un ensemble cohérent de spécifications, correspondant à une étape de la mise en place de l'UMTS. Pour la partie radio de l'UMTS, les experts se sont accordés pour préférer la technique CDMA (multiplexage par code) au TDMA (multiplexage par le temps) utilisée pour le GSM.

Il convient cependant de préciser que certaines normes se développent aussi comme barrières non-tarifaires pour protéger les opérateurs nationaux face aux sociétés étrangères technologiquement plus avancées. C'est le cas de la Chine qui a développé un standard 3G spécifique afin de protéger ses industriels et en garder la maîtrise technologique. Il s'agit en l'occurrence de la norme TD SCDMA[1].

---

[1] La technologie TD-SCDMA (Time Division Synchronous CDMA) a été mise au point par l'Académie chinoise des technologies de télécommunications (CATT) et Siemens, recommandée par le groupe chinois de normalisation des télécommunications sans fil (CWTS) et approuvée par l'UIT en 1999.

3.2. Les normes utilisées dans le monde

Avec le GSM, les applications mobiles étaient souvent le fruit d'un développement spécifique à côté des applications classiques. Avec la troisième génération, les technologies convergent pour donner naissance à des terminaux multi-canaux et multi-usages. Ces technologies reposent (en principe) sur des normes communes, contrairement aux différentes normalisations de la 2G à l'origine de nombreuses incompatibilités que l'UIT (Union Internationale des Télécommunications) a voulu corriger.

Trois paramètres permettent de caractériser la norme télécom :

- la compatibilité : service de téléphonie (voix, donnée) compatible avec le téléphone fixe

- l'interopérabilité : capacité du matériel et des réseaux à fonctionner, quel que soit le fabricant ou l'opérateur

- la continuité de service : (roaming) : capacité à assurer un service en déplacement (hand-over), quel que soit le réseau de l'opérateur.

De l'Amérique en Asie, en passant par l'Europe, il existe une grande diversité de normes applicables au multimédia mobile. Celles-ci peuvent être regroupées en quatre grandes catégories :

1. Les normes intermédiaires,
2. Les normes 3G,
3. Les technologies complémentaires,
4. Les normes 4G.

3.2.1.   Les normes intermédiaires

WAP (Wireless Application Protocol)

C'est l'une des premières technologies permettant l'accès à l'internet à partir des terminaux mobiles. Le Wap est un protocole créé par le Wap forum, qui regroupe plusieurs constructeurs tels Erickson, Nokia, Motorolla. Optimisé pour la taille des écrans de terminaux, le Wap est indépendant du type de réseau de communication utilisé. Afin de répondre aux contraintes de faibles débits du réseau GSM, le Wap Forum a défini un nouveau langage de programmation, le WML (Wireless Markup Language), plus léger que son homologue HTML.

HSCSD (High Speed Circuit Switch Data)

Introduit en 1999, le HSCSD est un standard de transmission de données hautement performant pour les réseaux GSM. Il permet de transmettre de gros volumes de données à une vitesse intéressante. Les téléchargements depuis Internet sont jusqu'à quatre fois plus rapides qu'avec le GSM.

Contrairement au GPRS qui est un mécanisme de commutation de paquet, le HSCSD est un mécanisme de commutation de circuit. Il implique donc la réservation d'un, voire plusieurs canaux, ce qui permet un gain au niveau de la latence : en effet, les paquets doivent attendre que des canaux de voix soient libres, alors que le circuit est disponible dès qu'il est réservé. La technologie HSCSD regroupe jusqu'à quatre canaux de transmission en un canal de transfert de données performant pour atteindre des vitesses allant jusqu'à 57,6 Kbits/s.

GPRS (General Packet Radio System)

Le réseau GPRS est une extension du réseau GSM permettant d'acheminer, sur la partie radio électrique, des données informatiques en utilisant un protocole en mode paquets. L'intérêt d'un tel développement est de multiplier par quatre le débit maximal possible.

En effet, le réseau GSM est une technologie conçue pour la transmission de la voix. Son fonctionnement est basé sur la commutation de circuits, ce qui ne permet pas de dépasser un débit de 9600 bit/s en transmission de données. Pour pallier ce déficit, la norme GPRS a été conçue afin de greffer sur le réseau GSM, sans le modifier fondamentalement, un mécanisme de commutation de paquets plus adapté aux données, donc à la connexion à Internet. Autrement dit, les ressources radio ne sont utilisées que lorsqu'elles sont nécessaires, à savoir pendant la transmission des paquets. La commutation de paquets est comparable à un puzzle : les données sont fractionnées en nombreuses pièces avant d'être envoyées sur le réseau. A leur arrivée, le puzzle est reconstitué. Le GPRS est l'une des méthodes employées pour le transport de ces "puzzles".

Le GPRS offre de nombreux avantages[1]. Parmi les plus significatifs, on peut noter:

- Une augmentation significative de la vitesse de transmission, entre 30 et 40 kbit/s dans une première phase et plus de 100 kbit/s à moyen terme. La vitesse maximale théorique est de 171,2 kbit/s,

- le GPRS repose sur le protocole IP (Internet Protocol), ce qui garantit une compatibilité maximale avec les réseaux Intranet et Internet,

- le GPRS utilise les réseaux actuels de GSM, moyennant quelques adaptations techniques (à l'inverse de l'UMTS qui nécessitera des investissements techniques extrêmement coûteux),

- pas de nouvelles autorisations réglementaires pour offrir des services commerciaux GPRS.

---

[1] Source : http://www.awt.be

Outre la vitesse de transmission, le GPRS se distingue fondamentalement du GSM par son mode de commutation : tandis que le GSM est basé sur une commutation de circuits (ce qui suppose l'attribution d'une ligne dédiée que seuls les utilisateurs concernés peuvent utiliser pour la transmission de données), le GPRS quant à lui utilise la commutation de paquets et le routage de ceux-ci.

Le GPRS peut ainsi utiliser les inévitables temps morts inhérents à toute connexion pour accroître la disponibilité de transmission. Les données sont fragmentées en paquets individuels et lorsqu'un créneau de temps se trouve inoccupé, un paquet de données est envoyé dans cet intervalle de temps. L'ensemble du réseau bénéficie alors d'une plus grande fluidité, car il peut y avoir plusieurs utilisateurs actifs par cellules. Pour l'utilisateur, la disponibilité du réseau augmente. Par ailleurs, le recours aux paquets permet d'en faire passer le plus grand nombre dans une tranche de temps réduite.

Enfin, un dernier avantage du GPRS réside dans l'établissement, dès la première connexion, d'un circuit virtuel donnant à l'utilisateur final le sentiment d'une connexion permanente. Cette solution permet un mode de facturation basé sur le volume des données réellement émises et reçues, et non plus sur la durée, comme c'est aujourd'hui le cas pour les communications GSM.

La plupart des opérateurs offrent des services GPRS destinés:

- aux entreprises : accès mobile à l'intranet de l'entreprise, bases de données, transfert de fichiers, courrier électronique, agenda et carnet d'adresses, etc.

- aux particuliers : accès plus aisé à des services de type WAP ou portails mobiles, courrier électronique, etc.

EDGE (Enhanced Data for GSM Evolution)

Classée comme la norme 2,75G, EDGE n'est pas, à proprement parler, une nouvelle norme de télécommunication mobile, comme l'UMTS. Il s'agit d'une simple évolution de la technologie GSM/GPRS permettant d'obtenir des débits moyens de 130 kb/s en réception et de 60 kb/s en émission, 6 à 10 fois plus importants que le GPRS. Mais c'est beaucoup moins performant que la 3G avec ses 250 kb/s de débit moyen en téléchargement. La technologie EDGE est destinée à supplanter le GPRS (2,5G) pour la circulation des données par les airs, là où la 3G n'est pas encore présente. L'EDGE ne concerne que la circulation des données, la voix continuant toujours de transiter sur le réseau GSM.

Combiné avec le GPRS, EDGE permet des débits de données maximaux de 384 kbits par seconde (alors que celui du GSM plafonne à 14,4), soit autant que l'UMTS pour les utilisateurs mobiles. Ce débit autorise largement les applications multimédia telles que la transmission de photos, de la vidéo (clips ou TV en direct) ou de la musique... de même que les téléchargements et envois de données (e-mails, sonneries, jeux, MMS, messagerie instantanée), ainsi que l'accès aux contenus WAP et i-mode sont plus rapides.

Le standard EDGE[1] est basé sur l'interface hertzienne TDMA. Il est standardisé par UWCC (Universal Wireless Communication Consortiums) sous la référence UWC-136. Il existe deux versions de EDGE :

- **EDGE Classic**, qui permet une compatibilité totale avec le GSM,

- **EDGE Compact**, qui permet des mises en oeuvre avec des spectres de fréquences limités (moins de 1 Mhz).

---

[1] Une nouvelle évolution de l'EDGE, la technologie GERAN (GSM Edge Radio Access Network), autorisant des débits de 400 kb/s, a été expérimentée en 2008.

i-Mode

L'i-Mode est l'appellation commerciale d'un ensemble de protocoles et de services permettant de connecter des téléphones portables à Internet. Présenté comme « précurseur des services multimédias mobiles de masse »[1], l'i-mode est un produit né des laboratoires de l'opérateur japonais NTT DoCoMo[2], suite à la constatation de l'échec des appareils WAP première génération, bien que les téléphones i-Mode permettent également d'afficher du contenu WAP. Les deux fonctions principales de l'i-Mode sont la consultation de services et la messagerie électronique. La consultation de services se fait sur des sites Internet adaptés à la taille d'un écran de téléphone mobile.

L'offre commerciale des opérateurs européens en matière d'i-mode s'inspire largement du modèle japonais, c'est-à-dire un portail proposant un bouquet de services organisés autour d'un certain nombre de thématiques. A côté de ce portail se développent, comme au Japon, de nombreux sites i-mode. D'après une classification proposée par Wikipédia[3], ces sites peuvent être scindés en deux groupes : les sites payants et les sites gratuits.

Les sites payants font partie de l'offre de l'opérateur et sont regroupés dans un portail spécifique à cet opérateur. On y trouve du contenu tel que des annuaires téléphoniques, de la cartographie, des actualités, de l'économie, des fonds d'écran et des sonneries, du chat en ligne, des jeux et bien d'autres services multimédias. Ces services sont fournis par des éditeurs tiers, spécialisés dans leur domaine, et rétribués par un système de reversement des abonnements. Le montant des reversements peut varier entre 70% et 90% du montant de ces abonnements.

---

1 Dubreuil & Roger, Le Marketing du multimédia mobile, page 247
2 i-mode a été lancé le 14 février 1999 au Japon. Le partenariat entre NTT DoCoMo et Bouygues Télécom a été signé le 16 avril 2002. i-mode a été lancé le 15 novembre 2002 en France.
3 http://www.wikipedia.org

Les sites gratuits quant à eux sont plutôt conçus par les utilisateurs et offrent une grande variété de contenu, du plus utile au plus futile, et échappent à tout contrôle de l'opérateur. L'i-Mode permet d'envoyer des courriers électroniques à d'autres abonnés à l'i-Mode, mais aussi sur les boîtes électroniques d'autres utilisateurs. Il permet aussi de recevoir des courriers électroniques tant des autres utilisateurs qu'à partir d'Internet.

Blackberry

Cette technologie a été mise au point par le constructeur canadien, Research In Motion (RIM)[1]. Elle intègre dans son déploiement la fonction voix qui s'appuie sur une solution propriétaire et sécurisée de Push e-mail en temps réel vers des terminaux de type smartphones et compatibles Blackberry.

Les solutions Blackberry combinent à la fois :

- l'intégration avec les principaux serveurs mail du marché (Microsoft Exchange, Lotus Domino, Novell Group Wise),
- l'instantanéité par le choix du mode "push" qui permet à l'utilisateur d'être connecté en permanence à ses comptes de messagerie et aux bases de données de l'entreprise,
- la sécurisation des données transportées sur les réseaux mobile-data des opérateurs mobiles (GPRS),
- la compression des données qui permet de lire des pièces jointes et de contenir le coût d'utilisation via des forfaits data adaptés,
- la disponibilité étendue sur une très large base géographique dans le cadre des accords de roaming,

---

1 Le premier lancement commercial a eu lieu en été 2000

- la facilité de mise en oeuvre et de contrôle par les directions informatiques et télécommunications qui utilisent cette solution,

- des terminaux dédiés disposant, pour certains d'entre eux, de vrais claviers.

3.2.2.   Les normes 3G

C'est en 1992 que le World Administrative Radio Conference (WARC) définira les bandes de fréquences à utiliser pour les systèmes mobiles de troisième génération. Réunie au sein de l'IMT2000[1], l'Union Internationale des Télécommunications a établi les spécifications des systèmes applicables à la 3G, dont l'UMTS est l'un des dérivés. L'intérêt de la mise en place de la 3G peut se résumer en deux principaux points : la mise au point d'une norme commune, l'UMTS (Universal Mobile Telecommunication System), et l'augmentation significative des débits.

Ainsi, le concept d'IMT-2000 établi par l'UIT vise à regrouper les propositions faites par les différents organismes de normalisation afin de proposer une définition des normes mondialement applicables dont les objectifs sont les suivants : supporter les applications multimédias, supporter les débits plus élevés par rapport à ceux enregistrés par les normes de deuxième génération, permettre d'augmenter la palette de services proposés aux utilisateurs.

Ce qui caractérise la 3G, c'est le caractère diversifié et essentiellement évolutif de ses applications. Et l'industrie des télécommunications de troisième génération est loin de s'entendre sur une seule et même norme globale. Il en résulte des écarts quant à la compatibilité de certains supports

---

[1] International Mobile Telecommunication : Groupe de travail représentant l'ensemble des standards terrestres et satellitaires 3G référencés par l'ITU.

et la continuité du service d'un opérateur à un autre. Toutefois, l'implantation de la 3G, grâce aux effets de la régulation, s'est faite très souvent dans une certaine progression, en gardant la cohérence nécessaire à l'interopérabilité des systèmes.

Pour le cas de la France, par exemple, les opérateurs ont le choix : s'orienter directement vers une technologie de type EDGE plutôt que de passer par le GPRS comme une étape préliminaire vers l'UMTS ou aller directement à la 3G. Là se pose la problématique du choix de la technologie optimale au regard de la diversité des normes et standards concurrents (EMS et MMS, WAP et i-Mode, Bluetooth et W-LAN, J2ME et BREW, etc.).

Il existe à travers le monde plusieurs normes 3G opérant sur une bande de 450 à 2000 MHz. Elles se déclinent en deux grands familles d'applications que sont : l'UMTS (Universal Mobile Telecommunications System) et le HSDPA (High Speed Downlink Packet Access).

1. UMTS (Universal Mobile Telecommunications System)

UMTS ou 3G est une technologie de téléphonie mobile numérique de troisième génération, qui succède aux technologies 2G (GSM en Europe, PDC et PHS au Japon, CDMA One aux Etats-Unis et en Corée). Les technologies 3G utilisent des bandes de fréquences plus larges et recourent à un protocole de transfert des données par paquets.

Présentée comme la grande évolution de la téléphonie mobile numérique, l'UMTS a été développée su sein du 3GPP (3rd Generation Partnership Project) avec la collaboration d'un maximum d'organismes de régulation régionaux ou nationaux, afin d'assurer une interopérabilité et un roaming optimum. Créé en décembre 1998, le 3GPP est la rencontre entre une volonté européenne d'une part, américaine et japonaise d'autre part de spécifier les technologies de la troisième génération de mobile pour référencement par l'Union internationale des Télécommunications (UIT).

En vue de l'élaboration de la 3ème génération mobile numérique, l'UIT avait fixé un certain nombre d'objectifs à atteindre à partir de 1999 en matière de normalisation dans le cadre de l'IMT-2000. En l'occurrence :

- une utilisation mondiale (en terme de compatibilité),

- une utilisation possible pour toutes les applications mobiles,

- une compatibilité des services mobiles de 3ème génération avec les réseaux fixes existants,

- une grande efficacité spectrale,

- des débits de transmission élevés (144 Kbits/s pour une utilisation mobile, 384 Kbits/s pour une utilisation piétonne, 2 Mbits/s pour une utilisation stationnaire indoor).

A l'observation, ces objectifs n'ont été que partiellement atteints. Plutôt que de consacrer une norme unique, l'UMTS a généré toute une famille de normes pour les systèmes numériques de troisième génération mobile, dont le WCDMA, le CDMA2000 et le TD-SCDMA.

Le WCDMA (Wide-Code Division Multiple Access)

La norme WCDMA est développée par le 3GPP (3G Partnership Project). Afin d'atteindre les requis demandés par l'ITU, le 3GPP a introduit son standard en plusieurs phases avec des révisions annuelles (aujourd'hui version 6GPP). En mode WCDMA, la 3G n'est pas compatible avec la 2G (GSM). Son déploiement commercial suppose donc la construction de nouveaux réseaux et l'obtention de nouvelles licences d'exploitation.

Pour le standard du 3GPP, il existe deux variantes majeures:

FDD: Frequency Division Duplex, le mode FDD utilise deux fréquences radio distinctes pour les transmissions (Uplink/Downlink). Une paire de 60 MHz en bande de fréquences est allouée pour ce mode ;

TDD: Time Division Duplex, le mode TDD utilise les mêmes fréquences radio pour les transmissions (Uplink/Downlink). Deux bandes de fréquences lui sont allouées: une bande de 20 MHz et une bande de 15 MHz.

Le CDMA 2000

Le standard CDMA2000, aussi connu sous le nom de IS-2000 constitue une évolution du CDMA-One (IS-95) vers la troisième génération de services. Le CDMA 2000 divise le spectre en lignes multiporteuses. Elle est adaptée aux micro et pico cellules ainsi qu'aux trafics asymétriques (données en mode paquets à haut débit et asymétrique). Ce standard est porté par son géniteur : la société Qualcomm[1] basée en Californie, aux Etats-unis.

L'avantage principal du CDMA2000 sur le W-CDMA réside dans sa compatibilité avec les réseaux 2G issus de la même technologie (CDMAOne), ce qui a largement facilité la conversion des abonnés 2G en utilisateurs 3G sur certains marchés (Corée, Japon et dans une moindre mesure, Etats-Unis). Ce standard a déjà connu plusieurs évolutions:

- CDMA2000 1X avec un débit moyen de 144 Kbps dans un environnement mobile,
- CDMA2000 1X EV-DO: (Evolution Data Only) avec un débit moyen de 600 Kbps et des pointes pouvant atteindre 2 Mbps),
- CDMA2000 1X EV-DV: (Evolution Data and Voice) avec un débit et des pointes pouvant atteindre de 2 à 5 Mbps.

---

[1] Qualcomm possède un portefeuille de brevets clés pour le déploiement d'autres familles de 3è génération mobile.

Le TD-SCDMA (Time Division Synchronous Code Division Multiple Access)

La technologie TD-CDMA offre une configuration asymétrique permettant de faire transiter plus d'informations du serveur vers le téléphone que l'inverse. Sa mise au point résulte de la volonté de la Chine, premier marché mondial pour les communications mobiles, à promouvoir une norme pour le marché domestique de la 3G.

2. HSDPA (High Speed Downlink Packet Access)

Encore appelé "Super 3G" ou encore "3,5G", le HSDPA (High Speed Downlink Packet Access)[1] est une technologie de téléphonie mobile à très haut débit. Le HSUPA (High Speed Uplink Packet Access) offre une amélioration des communications aussi bien de l'utilisateur final vers le réseau High Speed Downlink Packet Access, que du réseau à l'utilisateur.

Si l'UMTS est défini par la norme WCDMA - 3GPP Rel. 99 (Wideband-Code Division Multiple Access - 3rd Generation Partnership Project Release 99), le HSDPA, lui est défini dans la version WCDMA - 3GPP Rel. 5. Il est à l'UMTS ce que Edge est au GPRS. La norme prévoit d'atteindre 14 Mbit/s, avec un lien montant allant jusqu'à 320 kbit/s. La 3,5G soutient donc la comparaison avec l'ADSL, et même avec l'ADSL2+.

Un rapport[2] publié par le Forum UMTS prévoyait en 2006 que le HSPA deviendra la principale technologie 3G mobile au monde et aura presque un milliard d'utilisateurs actifs d'ici à 2012. Ce rapport indiquait aussi comment les améliorations offertes par cette technologie pourraient stimuler le marché des services de données 3G. Selon l'UMTS Forum, la technologie

---

[1] Le HSDPA est actuellement proposé par de nombreux équipementiers. Outre Ericsson, on peut mentionner Motorola, Lucent, Qualcommm, Motorola ou encore Siemens et les tests d'opérateurs comme Cingular, Vodafone, Hutchinson 3G ou encore O2. En France, il est commercialisé depuis mai 2006
2 Rapport 39, Forum UMTS et Analysis Research, mars 2005

HSPA améliore de manière qualitative la capacité des opérateurs à fournir des applications avancées telles la télévision sur mobile, la visiophonie, les téléchargements de musique, les applications avancées de e-commerce...

3.2.3.   Technologies complémentaires

WLAN (Wireless Local Area Network)

Les technologies de réseaux sans fil (WLAN ou RLR pour réseaux Radio Local Radioélectrique) s'intègrent de plus en plus dans le multimédia mobile permettant ainsi l'exploitation de réseaux sans-fil comme complémentaires à la téléphonie mobile classique. Elles utilisent les ondes radio-électriques permettant la transmission de données entre ordinateurs.

Souvent perçues comme concurrentes des réseaux 3G, les technologies WLAN permettent l'échange de données à des débits supérieurs à 1 Mbits/s sur de courtes distances (entre 1 et 75 mètres). Ce sont en l'occurrence les technologies de type Wi-Fi et Bluetooth. La plupart des technologies actuelles utilisent des fréquences de 2,4 Ghz, jusque-là réservées aux applications militaires, médicales et scientifiques, pour permettre à des appareils de communiquer sans fil par les ondes hertziennes.

Les WLAN correspondent d'abord à des usages professionnels sur des lieux géographiques ciblés tels que les entreprises, les campus universitaires, mais également certains espaces publics. Les utilisateurs de terminaux (portables, PDA, etc) munis d'une carte d'extension (PCMCIA, CF cards, module externe, etc) peuvent ainsi se connecter et bénéficier d'une connexion haut débit pour accéder à l'Internet ou à un intranet. Toutefois, les technologies WLAN ont aussi leurs inconvénients:

- absence de roaming (techniquement impossible de passer d'un relais à un autre sans coupure de la liaison),

- risques d'interférences dans la bande de fréquences des 2,45 GHz qui, ne nécessitant pas d'autorisation préalable, accueille de nombreuses sources radioélectriques d'origine diverses (ouverture à distance des portes, radio-amateurs, terminaux Bluetooth, etc),

- lacunes de sécurité...

Wi-Fi (Wireless Fidelity)

La technologie Wi-Fi (encore connue sous le nom de 802.11b), permet de relier des ordinateurs portables, des machines de bureau, des assistants personnels (PDA) ou même des périphériques à une liaison haut débit (de 11 Mbit/s en 802.11b à 54 Mbit/s en 802.11a/g) sur un rayon de plusieurs dizaines de mètres en intérieur (entre 50 et 100 mètres). Dans un environnement ouvert, la portée peut atteindre plusieurs centaines de mètres, voire, dans des conditions optimales, plusieurs dizaines de kilomètres (cas du Wimax ou avec des antennes directionnelles).

Les réseaux locaux sans fil fonctionnant sous Wi-Fi connaissent actuellement un déploiement accéléré. Ils répondent parfaitement aux besoins de semi-mobilité qui constituent la part essentielle des situations de mobilité. Cette technologie peut se poser en concurrent d'application 3G pour les communautés localisées sur un même espace. Le spectre Wi-Fi est déjà libre d'accès dans de nombreux points à fort taux de fréquentation à travers le monde, comme les aéroports, les campus, etc.

Wi-Fi peut s'inscrire dans trois catégories de services :

- Les services de réseaux privés (entreprises, universités, bibliothèques ou particuliers),

- Les services au public Hot spots,

- Les services de couverture d'une agglomération ou d'une localité.

Bluetooth

Bluetooth est un standard radio à courte portée formalisé par le secteur industriel. Elle vise essentiellement à remplacer la plupart des câbles reliant les terminaux informatiques, permettre de synchroniser l'ensemble des terminaux nomades (téléphones mobiles, PDAs, souris, claviers, etc.) avec le PC professionnel ou familial, devenir un sésame universel pour communiquer avec nombres de terminaux usuels de notre vie quotidienne (distributeurs de banque, serrures électroniques, appareils domestiques, etc).

La technologie Bluetooth autorise aussi de nombreuses applications professionnelles, notamment dans le secteur de l'industrie. Par exemple, dans les transports (électronique embarquée dans les véhicules automobiles avec des capteurs de sécurité active) ; dans le domaine médical (transmission d'informations concernant un patient hospitalisé depuis une ardoise électronique Bluetooth vers d'autres appareils de monitoring et vers un système informatique centralisant l'ensemble du dossier médical du patient)...

Le fonctionnement de Bluetooth est basé sur les principes suivants:

- bande de fréquence non réservée de 2,45 GHz baptisée bande ISM (Industrial-Scientific-Medical),

- liaisons sans fil à courte portée (entre 10 et 30m) à moyen débit (720 Kbits/s pour version 1.2 et 3 Mbits/s pour la version 2.0 EDR),

- composants très miniaturisés et à faible consommation électrique, pouvant être intégrés dans nombre d'équipements (téléphones mobiles, PDA, portables, appareils domestiques et industriels),

- création de Wireless Personal Area Networks (WPAN - Réseau personnels sans fils).

Le standard Bluetooth a déjà connu plusieurs évolutions : passage de la version 1.0 en 1999, à la version 1.1 en 2001, permettant le transfert de données en plus de la voix et, enfin, la version 2.0 (qui permet d'atteindre des débits allant jusqu'à 3 Mbps) en novembre 2004. L'objectif de cette nouvelle spécification est de favoriser le développement de nouveaux usages en généralisant la connectivité personnelle via des applications telles que le streaming audio de qualité CD, le transfert d'images ou encore l'impression de documents.

La dernière version, Bluetooth 2.1 + EDR (Enhanced Data Rate), a été validée en août 2007. Elle corrige un certain nombre de points jugés pénalisants pour une adoption large, comme le processus de pairage, souvent considéré comme une opération complexe, ou la sécurité et permet d'augmenter l'autonomie des périphériques.

Wimax (World Interoperability for Microwave Access)

Le Wimax est le nom commercial de la technologie de transmission sans fil à haut débit IEEE 802.16. C'est une technologie de boucle locale radio (BLR) permettant d'offrir de hauts débits pour la voix et les données. Cette technologie radio est considérée comme une solution prometteuse pour les territoires privés de haut débit (zones blanches), mais aussi comme un plus pour les zones urbaines.

Comparativement à l'UMTS, le Wimax est une technologie simple, puissante et peu coûteuse. Le Wimax propose aujourd'hui des débits théoriques maximum de 70 Mbit/s sur une distance de 50 km. En situation réelle d'exploitation, les opérateurs qui mettent en oeuvre cette technologie fournissent plutôt sur un débit réel de 12 Mbit/s sur une portée de 20 km. Cette technologie radio est actuellement susceptible d'offrir des débits symétriques et de la gestion de QoS (Quality of Service ou qualité de service).

Son exploitation en dessous de 11 GHz (3,5 GHz en Europe) n'impose pas de vue directe entre stations de base et équipements clients. Toutefois, contrairement au Wi-Fi, son exploitation en vue de la fourniture de services au public dans une certaine bande de fréquences impose l'obtention d'une autorisation du régulateur.

L'enjeu consiste, pour les opérateurs à introduire la gestion de la mobilité entre des stations de base Wimax et des terminaux nomades équipés d'un client radio ad hoc. C'est le Wimax mobile. Si le succès de cette technologie se confirmait, elle ajouterait un nouveau moyen d'accès mobile IP à Internet à ceux qui existent déjà : Wi-Fi, 3G et Edge. Le Wimax mobile permettra de rester connecté jusqu'à une vitesse de 60 km/h.

3.2.4.   Les normes 4G

L'Union International des Télécommunications (UIT) a défini en 2008 les spécifications du standard « IMT-Advanced », appelé plus communément « 4G ». Bien qu'elle soit en construction, la quatrième génération de la téléphonie mobile semble se structurer autour de deux normes à la fois concurrentes et complémentaires :

• **La norme LTE Advanced**, évolution de la norme LTE (Long Term Evolution), qui se situe dans la continuité des normes mobiles (HSPDA, UMTS, GSM...). Considérée comme une technologie 3,9 G, elle permet un débit de 100 Mbps en download (réception) et 50 Mbps en upload (émission), comparativement au HSPDA (3,5G) qui offre un débit de 7,6 Mbps. La norme LTE Advanced est particulièrement adaptée aux usages en mobilité en diminuant les temps de latence (facteur clé de succès des applications notamment de VoIP et de jeux en réseau)...Elle est pilotée par le 3GPPP.

• **La norme Gigabit Wimax**, évolution de la norme Wimax, fait office de norme concurrente. Le Wimax propose des débits allant jusqu'à 70 Mbit/s sur un rayon de 50 km et peut être utilisé sur des terminaux mobiles, contrairement au LTE. La norme Gigabit Wimax offre l'avantage d'être totalement intégrée avec l'univers Internet et PC et d'être utilisée sur des terminaux mobiles compatibles. Issue de l'univers informatique, elle est défendue par l'IEEE (Institute of Electrical and Electronics Engineers).

Toutefois, le déploiement de la 4G ne va pas sans conséquence pour les réseaux existants. Afin d'éviter les problèmes de brouillage avec les équipements utilisant le GSM et la 3G, la Commission européenne a adopté en avril 2011 les règles concernant l'ouverture des bandes de fréquences de 900 et 1 800 MHz aux équipements avancés de communication de quatrième génération (4G).

Cette décision, applicable fin 2011, consiste, en particulier, à définir les paramètres techniques permettant la coexistence, sur les bandes de fréquences de 900 et 1 800 MHz, du GSM, d'une part, des systèmes 3G qui offrent l'Internet mobile en plus des services habituels de téléphonie et, d'autre part, de la technologie mobile 4G, qui offre du très haut débit, permettant de traiter et de transmettre de plus gros volumes d'informations.

Quoi qu'il en soit, même si cette décision représente une étape importante vers la généralisation de l'accès à haut débit sans fil chez les particuliers et dans les entreprises au sein de l'Union européenne, il faudra attendre encore quelques années pour profiter pleinement de la technologie 4G. Bien que les premiers réseaux LTE ont déjà été déployés depuis 2010 en Suède, aux Etats-Unis et au Japon, tout porte à croire qu'une migration vers LTE-Advanced ne devrait pas intervenir avant 2015-2017.

Tableau 3 : Fiches techniques récapitulatives

Technologie	Génération	Débits théoriques	Débits moyens réel	Services
Radiocom 2000	1			Voix
GSM (Global System for Mobile Communications)	2	9,6 Kbps	9,6kbps	Voix, sms
Wap (Wireless Application Protocol)	2	9,6 Kbps	9,6kbps	
GPRS (General Packet Radio Service)	2,5	115 Kbps	30 à 40 kbps (100 ko téléchargés en 12 secondes)	E-mail, Wap, Sms, MMS, téléchargement
EDGE (Enhanced Data for GSM Evolution)	2,75	384 Kbps	100 à 120 kbps (100 ko téléchargés en 4 secondes)	E-mail, , Web, MMS, streaming video, Push-to-talk, téléchargement, jeux
UMTS/ WCDMA (Universal Mobile Télécommunications system, Wideband Code Division Multiple Access)	3	2 Mbps	120 à 384 kbps (100 ko téléchargés en 4 secondes)	Voix, E-mail, , Web, MMS, streaming video, Push-to-talk, téléchargement, jeux
WLAN (Wireless Local Area Network)		Jusqu'à 2Mbps		
HSDPA (High Speed Downlink Packet Access	3,5 ou 3G+	Jusqu'à 7,2Mbps	2Mbps (100 ko téléchargés en moins d'une seconde)	
HSUPA (High Speed Uplink Packet Access)	3,75G ou 3G++	Jusqu'à 5,8Mbps	1,2Mbps	
LTE (Long Term Evolution)	3,9G	100Mbps		
LTE Advanced (Long Term Evolution Advanded)	4G	1Gbps		Voix, E-mail, Web, MMS, video, visioconférence, TV, jeux, téléchargement...

IV

Services et applications du multimédia mobile

« *Des utilisateurs segmentés ; des produits personnalisés, individualisés, customisés : nous sommes passés d'un marché de masse à un marché de niches, du produit pour tous au produit pour chacun, d'un marché d'offre à un marché de choix. Il s'agit de servir les envies de personnalisation et les désirs d'appropriation* »[1]. Cette réflexion de Daniel Kaplan résume les principales caractéristiques des applications multimédias, à savoir, la tendance de plus en plus affirmée de répondre aux typologies d'usagers par une offre de typologies d'usages, de services, de contenu et de représentation adaptées.

On entend par « applications 3G » des sous-unités fonctionnelles constituantes du service 3G. L'assemblage de ces sous-unités constitue le service.

---

[1] Daniel Kaplan, in Mobilités.net

Les services et applications mobiles peuvent être classés en fonction de différents critères:

- **cibles** : consommateurs (B2C, C2C) ou entreprises (B2B, B2E, M2M),

- **fonctionnalités** : communication, information, transaction et interaction,

- **technologies** : multimédia, localisation, sécurisation.

Les utilisateurs sont en permanence à la quête de nouvelles offres, toujours plus attractives, de services qui seraient basés notamment sur les critères ci-après :

- **l'ubiquité** (où je veux, quand je veux, comme je veux),

- **l'immédiateté** (connexion directe sur les services et applications),

- **la continuité** (service continu sur plusieurs sessions de travail, sur différents terminaux),

- **la personnalisation des services** (en fonction du lieu, de l'activité privée ou professionnelle, du terminal...),

- **la facilité** d'utilisation,

- **l'utilité** réelle des services proposés,

- **la sécurité** des applications,

- **le coût** des services, etc.

4.1. Typologie du contenu mobile

Elle regroupe l'ensemble des services permettant de communiquer en utilisant le canal voix et le canal vidéo. Cette combinaison de fonctionnalités allie les services à large bande en temps réel comme la visiophonie ou les services en différé comme l'accès internet, le téléchargement de fichiers...

De manière spécifique, l'offre courante des opérateurs mobiles repose sur un ensemble de contenus que l'on peut classifier de la manière suivante :

- **Les informations générales:** cette catégorie englobe la production et la transmission d'informations générale et météorologiques sous forme d'alertes, de brèves accompagnées ou non de son ou d'images.

- **Les informations de mobilité:** cette catégorie comprend la collecte, le traitement et la diffusion de contenu en rapport avec les services de transport - itinéraires, accidents, horaires, etc.

- **Les informations financières:** ces services incluent la collecte, la mise en forme et la distribution de contenu relatif à l'activité boursière les valeurs de change, etc.

- **Les jeux et les téléchargements :** cette catégorie englobe à la fois les jeux simples et les applications plus sophistiquées. Les jeux peuvent être joués en mode connecté ou off line, nécessiter un téléchargement ou non, être incorporés dans le terminal mobile ou non.

- **Les divertissements éducatifs:** sont inclus dans cette catégorie les jeux éducatifs, les ouvrages de référence interactifs (encyclopédies, dictionnaires, etc.) et les guides interactifs (guides de villes, guides de musées, etc.).

- **La musique:** elle peut être délivrée sur terminal mobile sous forme d'appel voix, de téléchargement de fichier, de transmission de fichier en temps réel, ou de radiodiffusion.

4.2. Les applications du multimédia mobile

Historiquement, le multimédia sur mobile s'est fait par étapes : d'abord le MMS (Multimedia Messaging Service), puis le streaming et le téléchargement (son, vidéo), la vidéoconférence, la visioconférence et l'internet mobile. Aujourd'hui, l'offre de contenu proposée par les opérateurs du multimédia mobile s'appui sur un vaste éventail d'applications que nous pouvons classer en quatre grandes catégories :

- **les applications de communication** : elles permettent principalement des communications entre personnes via un réseau de télécommunication mobile ;

- **les applications transactionnelles** : elles incluent toutes les transactions financières et monétaires transitant par un réseau mobile ;

- **les applications de contenu** : elles permettent la fourniture d'un contenu (information, jeu, musique...) à travers un réseau de télécommunication mobile. Près de la moitié des applications téléchargées sur terminaux mobiles sont des jeux.

- **les applications métiers**, pour les cadres dirigeants d'entreprises, la force de vente, le service client, avec accès aux ERP (Entreprise Resource Planning) et aux applications décisionnelles de l'entreprise. Ces applications métiers permettent par exemple de localiser l'utilisateur (géolocalisation), d'optimiser l'activité des équipes de production à travers le reporting en temps réel, la transmission des commandes ou encore la gestion de la chaîne d'approvisionnement...

Tableau 4 : Les applications 3G[1].

	Dénomination	Descriptions
1	Communication multimédia	Transmission sur des réseaux à larges bandes de services, de nature multiple : voix, son, texte, images, vidéo, VoIP, Messagerie multimédia unifiée (Transmission et archivage de messages de type voix, texte, image et vidéo)...
2	Mobile Commerce	Capacité de transaction financière pour des achats de produits ou de services et pour des opérations boursières
3	Broadcasting interactif	Transmission de services audiovisuels avec possibilité de retour (informations, commentaires, jeux, votes, etc)
4	Localisation	Capacité à définir la position géographique de l'utilisateur à tout instant
6	Voix sur IP (VoIP)	Transmission de la voix sur le réseau IP

4.2.1.　　Les applications de communication

1.　Applications multimédias

On retrouve dans cette catégorie, l'ensemble des services permettant de communiquer par le biais de messages :

o IM (Messagerie instantanée, autrement le t'chat) : de plus en plus de terminaux permettent d'intégrer des images fixes ou animées (émoticones).

o MMS (Multimedia Messaging Services) qui peuvent inclure des messages munis de photos et de vidéos.

Avec l'augmentation croissante des débits de nouveaux services se sont vulgarisés auprès d'utilisateurs, surtout en milieu professionnel. Il s'agit en l'occurrence de la visiophonie et du Personal Mass and Media.

---

[1] Il est à noter qu'il existe un débat sur la qualification (Application ou enabler) de certaines solutions ou fonctionnalités. Nous nous inspirons ici de la classification proposée par l'UMTS Forum.

o **Le système de visiophonie et de vidéoconférence** (Video Conferencing) permet à deux utilisateurs de mobile ou plus d'utiliser le Virtual Meeting. Les utilisateurs peuvent voir et entendre chaque participant en temps réel ou en léger différé. Le dispositif mobile montrera typiquement une vue d'ensemble des participants à la vidéo conférence dans la grande fenêtre et l'utilisateur dans une fenêtre plus petite.

o **Le Personal Mass and Media** rend disponible le streaming (vidéo qu'on peut visionner en même tant qu'on la télécharge) ou le téléchargement de contenu audio et vidéo comme le "replay" dans le sport, des titres d'informations, des vidéos de musique, des annonces de film et plus.

2.   Unified Messaging System (UMS)

UMS (Unified Messaging System ou Messagerie Multimédia Unifiée) est une application qui permet une gestion centralisée des messages de type voix, fax, documents écrits, sms, fichiers de données, vidéos, telex et autres applications multimédias et permet à un utilisateur d'accéder à tous ses messages depuis tout type de terminal (PC, téléphone fixe, téléphone GSM, Web...) quelque soit l'endroit où il se trouve.

Les fonctionnalités d'un système de Messagerie unifiée sont nombreuses et intègrent par exemple : la synchronisation des messages dans une base de données, des interfaces personnalisés pour applications métiers, la compatibilité avec la téléphonie sur IP (VoIP), la notification par SMS des nouveaux messages, la gestion de la priorité des messages, le transfert d'un fax reçu vers un télécopieur à proximité de l'utilisateur, le rappel automatique de la personne qui a laissé un message vocal...

3. Applications Voix sur IP (VoIP)

Les applications VoIP (Voice over IP) sont l'ensemble des techniques permettant de transporter la voix sur le réseau IP, c'est-à-dire sur le réseau dominant utilisant le protocole TCP/IP. De façon plus schématique, le signal numérique obtenu par numérisation de la voix est découpé en paquets puis transmis via un réseau IP vers une application qui se chargera de la transformation inverse, c'est-à-dire des paquets vers la voix.

Ce dispositif permet de s'affranchir du réseau téléphonique commuté (RTC), pour bénéficier amplement des capacités du réseau Internet. Il est ainsi possible de réaliser des économies à court et à long terme sur de nombreux postes : administration d'un seul réseau, fournisseur d'accès unique, unique contrat de maintenance, câblage commun, gratuité des communications interurbaines, réduction de la complexité de l'intégration d'applications.

La voix sur IP (Voice over IP) est une technologie de communication vocale en pleine émergence. Les opérateurs, entreprises ou organisations et fournisseurs cherchent à bénéficier de l'avantage du transport unique IP, pour introduire de nouveaux services voix et vidéo. En effet, la convergence du triple play (voix, données et vidéo) fait partie des enjeux principaux des acteurs de la télécommunication aujourd'hui. Deux raisons fondamentales expliquent que cette technologie soit plébiscitée :

- de plus en plus de services multimédias sont aujourd'hui orientés IP (Internet Protocole)

- la mise en place de services sur IP induit une réduction notable du coût d'entretien des réseaux lié notamment à la migration des opérateurs vers un réseau multiservice par paquets plutôt que deux réseaux distincts (commuté et par paquets).

4.2.2.   Les applications transactionnelles ou M-commerce

Les nouvelles générations de terminaux sont équipés d'applications Mobile commerce (M-commerce) permettant d'accéder à des services comme les achats de contenus, biens et services, ainsi que des transactions financières: banque virtuelle, facturation en ligne et carte de crédit.

Avec l'avènement du Business Mobile 2.0, la combinaison de la localisation et de la fonction de présence permet désormais de créer de nouvelles communautés virtuelles et d'offrir des services réellement innovants. Les opportunités à saisir concernent notamment l'utilisation du mobile comme moyen de réservation ou de paiement, les applications M2M (Machine to Machine), les informations locales...

Le marché du paiement électronique peut se répartir en trois parties :

- **les micro-paiements** (moins de 10 euros) dont les opérateurs seront les principaux acteurs,

- **les paiements moyens** (entre 10 et environ 1000 euros) pour lesquels les opérateurs de télécommunications et les opérateurs financiers traditionnels sont en concurrence,

- **les paiements importants** (plus de 1000 euros) qui restent largement aux mains des banques.

4.2.3.   Les applications de contenu

Elles proposent des services d'information, de diffusion d'images, de sons, de données et de multimédia à destination du public, utilisant des infrastructures à distribution asymétrique. Ces infrastructures permettent le téléchargement de hautes capacités d'information à travers un lien à faible capacité vers le fournisseur de services. Il s'agit d'un nouveau canal de diffusion pour les opérateurs mobiles qui peuvent ainsi proposer des services de type : vote en temps réel, jeux interactifs, commentaires d'audience (encore appelé broadcasting interactif)... L'interactivité et l'intérêt du contenu sont l'atout premier d'une application de contenu.

4.2.4. Les applications métiers

1. Les applications mobiles

Les applications mobiles sont des logiciels téléchargeables pour les appareils mobiles comme les smartphones et les PDA (Personal Digital Assistant). Au départ, une application était seulement prévue pour le divertissement: un jeu, ou quelque chose de divertissant. Avec l'arrivée de puissants systèmes d'exploitation tels iOS, Androïd, Windows mobile, etc, elles font une percée spectaculaire chez les utilisateurs de smartphones et dans le monde professionnel[1].

De plus en plus populaires, elles deviennent aussi utilitaires, en intégrant par exemple des programmes de gestion des dépenses, des manuels de conversation en langue étrangère, des convertisseurs de devises, des utilitaires de partage de musique... On trouve aussi des applications sur les bons plans de restaurants, les supermarchés, les sites touristiques les plus proches, etc. Dans la catégorie des applications professionnelles, on retrouve des outils de gestion de contact, consultation des mails, réservation et achat en ligne, etc.

---

[1] Une étude réalisée en mai 2009 par Gravitytank (un cabinet d'études de marchés américain) a démontré que 69 % des propriétaires de smartphones interrogés avaient installé une application au cours du mois précédent et que les utilisateurs avaient en moyenne installé 21 applications, dont environ un quart d'applications payantes. Un grand nombre d'applications sont gratuites, afin de conquérir de nouveaux clients pour des applications payantes futures; d'autres sont destinées à des clients de services existants comme les abonnés à des journaux.

2. La géolocalisation

Les applications de localisation sont l'ensemble des applications qui, par la connaissance de la position de l'individu, permettent de proposer des services de navigation, logistique, commerce... L'utilisateur de mobile peut ainsi se repérer facilement dans une ville, trouver rapidement certains services de proximité comme les parkings, les distributeurs automatiques de banques, les pharmacies, les restaurants, les cinémas... Plusieurs technologies de localisation sont actuellement disponibles[1] :

A-GPS (Assisted Global Positioning System)

Le service assisté de positionnement global fournit des informations de positionnement précises aux téléphones portables et autres dispositifs mobiles. Par exemple, repérer les bouches de métro, connaître l'itinéraire le plus court à pied vers une destination désirée... Cette technique fait appel au GPS permettant la localisation d'une personne ou d'un véhicule à l'aide d'une constellation de 24 satellites. Chaque satellite émet un signal vers le sol et en fonction du temps mis par les différents signaux pour parvenir au terminal mobile, il est possible de localiser celui-ci. Le réseau mobile ne sert qu'à acheminer l'information relative à la localisation.

Triangulation

Grâce à une application Java inscrite sur la carte SIM du terminal mobile, celui-ci évalue l'intensité des signaux qu'il reçoit en provenance des relais et peut ainsi déterminer sa position. Le terminal mobile doit envoyer le résultat de cette information à un serveur qui calcule la localisation dans le réseau. L'information est alors transmise au mobile via SMS. La précision

---

[1] Lire aussi : http://www.awt.be

offerte par cette méthode varie en fonction du nombre des cellules dans une même zone géographique (de 50 à 100 mètres en milieu urbain et de quelques kilomètres en milieu rural). Cette technologie présente de nombreux avantages: simplicité de mise en œuvre au niveau de l'infrastructure réseau, coût raisonnable, pas de modification sur les terminaux...

Identification du différentiel de temps

Deux technologies peuvent contribuer à localiser un utilisateur via le réseau avec une précision offerte par cette méthode qui va de 50 à 100 mètres. Elles nécessitent cependant une mise à jour importante du réseau GSM actuel. Il s'agit de:

- Enhanced Observed Time Difference. Le terminal mobile envoie un signal vers les antennes-relais les plus proches qui le renvoient à leur tour vers le terminal de l'utilisateur. En calculant le temps mis par le signal pour revenir vers le mobile, celui-ci peut être localisé ;

- Uplink Time of Arrival. Le schéma est quasi-identique au précédent, mais c'est le terminal de l'utilisateur qui joue le rôle de miroir à la place des antennes-relais.

Cell ID

Technique la plus simple, elle identifie la cellule par laquelle est acheminée la communication passée par le terminal de l'utilisateur. Cette technique est déjà utilisée par plusieurs opérateurs GSM à travers le monde. L'inconvénient majeur réside dans la faible précision de ce système (de plusieurs centaines de mètres en milieu urbain à une dizaine de kilomètres en milieu rural).

V

Le marché du multimédia mobile

Au début de l'année 2000, il y avait seulement 500 millions d'abonnés à la téléphonie mobile dans le monde et 250 millions d'utilisateurs d'Internet. Fin 2008, on comptait à travers le monde, plus de 700 réseaux mobiles couvrant 213 pays, 105 réseaux avec une couverture 3G sur 50 pays. Début 2011, les abonnés à la téléphonie mobile dans le monde atteignaient plus de cinq milliards, dont plus de la moitié (3,84 milliards, une croissance de 18,59% en un an) dans les pays en développement, tandis que les utilisateurs d'Internet dépassaient légèrement les deux milliards, d'après le rapport annuel de l'Union internationale des télécommunications (UIT).

L'agence onusienne chargée des questions relatives aux technologies de l'information et de la communication, indique par ailleurs que le nombre d'abonnements à la téléphonie mobile 3G a été presque multiplié par dix entre 2006 et 2010. L'UIT espère que la moitié au moins de la population mondiale aura accès à la téléphonie mobile à large bande (3G) d'ici à 2015.

La transition du GSM à la 3G a consacré une évolution remarquable du marché de la téléphonie mobile. Sur le plan économique, le nouveau système offre aux exploitants de réseaux une chance d'élargir leur palette de services. Son déploiement nécessite notamment l'octroi de nouvelles licences de téléphonie mobile, et permet l'apparition de nouveaux services touchant également des secteurs autres que les télécommunications : les technologies de l'information et les médias en l'occurrence.

Du point de vue des usages, la 3G répond aux besoins croissants de l'utilisateur mobile, qui demande un accès personnalisé aux services multimédias actuels et futurs (Internet, télé-achat, téléphonie vidéo, télé mobile, etc.), indépendamment du lieu de l'appel. Ainsi, le système UMTS contribue également à améliorer la qualité de la vie professionnelle et quotidienne (achats, loisirs, accès à l'information, etc.). Cette révolution mobile a été favorisée par la disponibilité simultanée de l'Internet mobile et de terminaux de plus en plus légers et intelligents, associée à une baisse conséquente des prix.

Le marché du multimédia mobile est donc une réalité en constante évolution, tant du point de vue du potentiel clients que du point de vue des revenus. Mais le succès dépend avant tout des chaînes de valeurs, des business models des différents opérateurs.

5.1. Le business model de la 3G

Plusieurs approches marketing sont expérimentées pour déployer la 3G et proposer les services multimédia mobiles aux utilisateurs. Ces approches se déclinent principalement en trois formules, constituant le Business model dominant de la troisième génération. Ce sont notamment : le modèle achat de contenu, le modèle portail et le modèle kiosque.

- Modèle achat de contenu

Les droits sur les contenus sont cédés aux opérateurs qui éditent un service multimédia mobile sur la base de ce contenu (exemple cession des droits de la Ligue 1 en France à un opérateur de télécommunications).

- Modèle portail opérateur

On distingue deux types de portails : fixe et mobile. Les portails fixes traditionnels généralistes, comme Google, Yahoo, dont le rôle est d'agréger l'audience de l'internet fixe et des services de contenu diversifiés ou les portails spécialisés (Orange, Facebook...).

Les portails mobiles sont développés par les opérateurs mobiles, principalement pour leurs abonnés, afin d'offrir la même gamme de service que les portails traditionnels en y ajoutant la mobilité. L'opérateur co-finance le marketing autour du service, en particulier sur les supports de communication des opérateurs mobiles.

La multiplication des canaux de diffusion devrait donner naissance à des portails multi-canaux, rassemblant les applications de fournisseurs de contenus et de services et les délivrant vers les utilisateurs au travers de portails spécifiques à chaque canal : terminaux mobiles, téléphones, ordinateurs, télévisions, etc.

- Modèle kiosque

Suivant le principe de fonctionnement du modèle kiosque, l'éditeur touche une rémunération plus élevée, mais il doit financer et supporter seul l'ensemble des coûts marketing. Ce système permet d'acheter des contenus payants sur Internet pour de petits montants sans que l'internaute ait besoin de dégainer sa carte de crédit ou de décrocher son téléphone pour appeler un numéro surtaxé. Ce dispositif, opérationnel en France depuis 2005, permet à tout abonné de l'un des fournisseurs d'accès internet partenaires d'acheter des contenus numériques ou des services à valeur ajoutée avec une ergonomie identique pour tous les éditeurs, immédiatement identifiable par un même logotype. Les services achetés, garantis par une charte de qualité, sont cumulés sur le compte de l'utilisateur et reportés chaque mois sur la facture de son fournisseur d'accès internet (FAI).

5.2. Le marché du contenu mobile

Il est établi que les services de loisirs : sonneries, musique, chat, jeux... constituent le plus fort potentiel de l'offre des contenus mobiles. Ils représentent à eux seuls près de 80% du marché du multimédia mobile.

Les sonneries resteront le contenu le plus consommé en 2011 mais les téléchargements de titres devraient petit à petit se faire une place dans les habitudes du consommateur. L'arrivée de la 4G, la mise sur le marché de combinés pourvus de lecteurs multimédia et d'une importante capacité de stockage, devraient doper le marché de la musique et même de la télévision sur mobile. Reposant essentiellement sur des services de base tels que le téléchargement de sonneries et d'icônes numériques, le marché du contenu mobile est amené à s'enrichir de manière spectaculaire de nouveaux services - jeux et informations notamment - dans les années à venir.

Quant aux services e-commerce, une étude[1] publiée en mai 2011 montre que 20 millions de mobinautes des cinq principaux marchés européens (Allemagne, Espagne, France, Italie et Royaume-Uni), soit près de 8,5% des abonnés mobiles de ces pays, ont accédé en mars 2011 à leur compte bancaire via leur téléphone portable.

---

[1] ComScore, Inc. http://www.comscore.com

En France, le taux d'usage des services multimédias est en nette progression. Les accès internet et services multimédias représentaient 6 % de la dépense moyenne en services mobiles en 2008. En juin 2011, le parc national de lignes de télécommunications mobiles frôlait les 66 millions d'unités. Soit un taux de pénétration de 101,6% de la population française. Le taux de pénétration du parc actif[1] est également plus important que l'année précédente (98,4% en juin 2011 contre 93,6% en juin 2010).

Mais c'est surtout l'usage des services qui évolue, à la fois par une augmentation de la fréquence d'utilisation et par un élargissement de la palette des services utilisés. En corollaire, les utilisateurs mobiles utilisent des terminaux et des technologies plus évolués. Le taux d'équipement 3G a également explosé : le nombre de cartes SIM " MtoM " (machine to machine) et SIM Internet (clés 3G) a augmenté de 260 000 au cours du deuxième trimestre 2011 pour atteindre 5,9 millions de cartes, soit 8,9% du parc total.

Ces chiffres démontrent qu'il y a un vrai potentiel de clients pouvant consommer un service « full multimédia » et que leur nombre est appelé à croître davantage avec les usages nés de la 4G.

5.3. Le marché des terminaux mobiles

D'après les statistiques de la GSM Association, on enregistre 1000 nouveaux utilisateurs de mobile par minute dans le monde. Et d'après les prévisions, cette croissance devrait être maintenue à la hausse pour les prochaines années. Au second trimestre 2011, le nombre de terminaux mobiles à travers le monde avait franchi le cap des 418 millions d'unités. Le prix des smartphones diminue, ce qui les rend accessibles à une population

---

[1] Le parc actif multimédia est défini comme l'ensemble des clients ayant utilisé au moins une fois sur le dernier mois un service multimédia de type Internet mobile ou, en émission, de type MMS ou e-mail mobile.

d'utilisateurs de plus en plus importante. Les ventes de smartphones devraient connaître une croissance moyenne de 60 % par an d'ici à 2015. A cette date, un mobile sur quatre sera smartphone[1].

Malgré la forte concurrence asiatique (coréenne et japonaise notamment), les Américains et les Européens sont encore les leaders sur le marché du mobile. Nokia, bien que continuant de voir ses parts de marché s'éroder avec le temps, reste numéro 1 mondial des ventes tant en unités qu'en pourcentage (22,8% de part de marché et 98 millions d'unités vendues en 2010). Le second est Samsung, avec un peu plus de 16% de parts de marché.

Les opérateurs asiatiques sont d'ailleurs en très forte croissance, notamment LG. Cette croissance est liée au fait que les opérateurs asiatiques sont positionnés sur des terminaux de moyen à haut de gamme, avec des prix de vente plus élevés. 90 % des abonnés mobiles japonais et coréens ont accès à des services multimédias (MMS, accès Internet, téléchargement) sur leur portable. Ces produits correspondent mieux à l'état des marchés occidentaux qui sont en phase de renouvellement et sont en quête de mobiles plus sophistiqués.

Au niveau des systèmes d'exploitation, Android devient le système le plus utilisé pour les smartphones, devant Symbian, iOS et RIM. Windows Phone est distancé avec seulement 1,6% des smartphones équipés au second trimestre 2011 (contre 4,9% au 2nd trimestre 2010).

---

[1] Le segment du marché des terminaux intelligents était estimé à 200 millions de terminaux en 2009

5.4. Typologie d'acteurs du marché mobile

Le marché du multimédia mobile regroupe plusieurs acteurs d'horizons différents. On peut néanmoins les classer en trois catégories distinctes, à savoir : les opérateurs traditionnels, les NVNO et les portails mobiles.

5.4.1. Les opérateurs mobiles

Cette catégorie regroupe les acteurs tels que :

- les opérateurs de télécommunications,
- les éditeurs de contenus et services mobiles ;
- les acteurs du marketing mobile : agences de marketing mobile et régies publicitaires mobiles ;
- les concepteurs de sites et d'applications mobiles (également appelés facilitateurs) ;
- les fournisseurs de solutions techniques proposant des services et des technologies nécessaires au déploiement des solutions mobiles...

5.4.2. Les NVNO

Depuis 2004, un nouveau type d'opérateurs mobiles a émergé en France : les MVNO. Derrière cet acronyme se cachent des opérateurs virtuels (sans réseau) ou Mobile Virtual Network Operators. La particularité de ces opérateurs virtuels est qu'ils ne possèdent pas de réseau physique propre, mais louent une partie du réseau aux grands opérateurs en leur achetant du trafic qu'ils revendent sous leur marque respective.

Leur activité n'avait à l'origine que peu à voir avec le métier d'opérateur au sens technique du terme, mais progressivement, ils évoluent vers plus de maîtrise technique de leurs offres, ce qui accroît leur différenciation, condition essentielle à leur développement. Au nombre de deux la première année en France, ils sont à présent onze sur le marché, à côté des opérateurs traditionnels que sont : Orange, SFR et Bouygues Telecom.

5.4.3. Les portails mobiles

Ce segment regroupe les grands groupes d'acteurs tels que :

- les grands portails et les réseaux sociaux (Google, Orange, Facebook, Tweeter, etc.),

- les nouveaux portails spécialisés dans les services mobiles (Yahoo Mobile, Zaoza de Vivendi Mobile Entertainement, AvantGo, Aladdino, etc),

- les opérateurs financiers qui souhaitent valoriser les relations avec leurs clients.

5.5. Les grands opérateurs téléphoniques mondiaux[1]

- **AT&T** : c'est le plus grand fournisseur de services téléphoniques des Etats-Unis. Il doit néanmoins faire face à l'arrivée d'autres géants sur le marché américain: NT&T, WorldCom, Vodafone, Deutsche Telekom...

- **British-Telecom** : opérateur téléphonique historique britannique, il fait face à l'expansion de son rival Vodafone et à une forte concurrence dans la téléphonie mobile en Europe. A cause d'un endettement important, British-Telecom s'est aujourd'hui recentré sur la téléphonie traditionnelle.

---

[1] Voir aussi : http://www.aveyronweb.com

- **Deutsche-Telekom** : l'opérateur téléphonique allemand reste le leader européen de la téléphonie (n° 4 dans les mobiles) grâce à l'acquisition de l'opérateur mobile britannique One-to-One. Avec sa filiale Internet T-Online, le groupe entend poursuivre son expansion en Europe. En France, Deutsche Télekom a acquis le FAI Club-Internet.

- **France-Télécom** : l'opérateur public et historique français reste leader dans la téléphonie traditionnelle, le mobile (Orange) et l'Internet (Wanadoo). Le groupe contrôle aussi les opérateurs Global One et Equant. France Telecom est aussi présent dans de nombreux pays en Europe et en Afrique à travers sa filiale Orange.

- **KPN** : l'opérateur néerlandais contrôle l'opérateur mobile allemand E-Plus. Il est associé à l'américain BellSouth et à NTT-DoCoMo, le leader mondial de la téléphonie mobile qui détient 15% de son capital.

- **MTN Group** : l'opérateur sud-africain domine le marché africain. On le retrouve dans 16 pays africains et au Moyen Orient (Afganistan, Syrie, Yemen)...

- **Neuf-Cegetel** : le premier opérateur alternatif européen né de la fusion en mai 2005 de Cegetel et Neuf, est une filiale de SFR (détenue à 60% par le groupe Vivendi-Universal et 40% par Vodafone) de Louis Dreyfus Communication. neuf-Cegetel ambitionne de conforter sa place de 1er opérateur alternatif en téléphonie fixe et de devenir le n° 2 de l'accès ADSL en France.

- **NTT** : l'opérateur téléphonique historique japonais reste le n° 1 mondial toutes catégories et n° 2 dans la téléphonie mobile, via sa filiale NTT DoCoMo, juste après Vodafone. Après sa prise de participation dans le néerlandais KPN, l'opérateur s'intéresse plus que jamais au marché européen.

- **Orascom Telecom** : entreprise égyptienne de téléphonie et de nouvelles technologies, Orascom figure parmi les entreprises leaders dans la téléphonie en Afrique. Elle est aussi présente au Moyen-Orient, en Asie, et depuis peu en Europe.

- **SBC Communications et BellSouth** : ils négocient un rapprochement dans le domaine de la téléphonie mobile aux USA, face à NT&T et WorldCom.

- **Telecom Italia** : l'opérateur historique italien (n° 3 européen dans la téléphonie mobile avec TIM) est aujourd'hui présent en France dans l'ADSL et le dégroupage via Alice.

- **Telefonica** : l'opérateur espagnol joue les premiers rôles en Europe et en Amérique Latine où il contrôle nombre d'opérateurs ; présent dans l'accès internet, via Terra Networks qui a acquis Lycos-Europe.

- **Télé2** : acteur de la téléphonie classique en France (actuel n° 3) le groupe suédois, leader scandinave des télécoms et de l'Internet a de grandes ambitions en Europe et étend ses tentacules.

- **Vodafone** : après l'acquisition de Mannesmann début 2000, l'opérateur britannique (n° 1 européen et mondial dans la téléphonie mobile) est présent dans la quasi-totalité des pays développés de la planète. En France le groupe Vodafone détient une participation dans Cegetel sur laquelle il lorgne pour contrôler SFR.

5.5. Un marché en pleine croissance

En 2010, la région Asie-Pacifique concentrait 56 % du marché des utilisateurs mobiles dans le monde. Dans cette partie du globe, la Chine compte à elle seule compte 800 millions d'utilisateurs actifs, 250 millions d'utilisateurs d'Internet mobile, avec 200 millions de nouveaux combinés vendus par an. C'est le plus grand marché de téléphones portables au monde, en terme d'abonnés. Le marché chinois, qui détient également la première base de production mondiale de terminaux mobiles (une trentaine d'opérateurs en 2008), est un enjeu stratégique majeur pour les acteurs étrangers de la téléphonie, aussi bien les industriels, les opérateurs que les fournisseurs de solutions mobiles.

En France, les services mobiles ont représenté en 2010 un poids économique de 1,2 milliard d'euros selon une étude de l'Association française du Multimédia mobile. Ils pourraient atteindre les 2 milliards d'ici à 2013. Un état des lieux de l'Autorité de Régulation des Télécommunication) relève trois grandes tendances du marché français : l'explosion du trafic SMS, le dépassement du seuil symbolique d'une ligne mobile par habitant et l'offensive des opérateurs virtuels (NVNO) qui continuent de grignoter des parts de marché (près de 10%) aux opérateurs mobiles traditionnels (Orange, SFR, Bouygues)...

Toutefois, l'Afrique représente la plus grande réserve de croissance du marché de la téléphonie mobile au monde[1]. Elle a déjà offert en 2011 la plus forte expansion, devant le Moyen-Orient (33%) et la région Asie-Pacifique (29%). On évalue à 380 millions (sur près du milliard d'habitants que compte le continent) le nombre de personnes abonnées à un opérateur de téléphonie mobile, et ce nombre devrait doubler à l'horizon 2015, selon le World Cellular Information Service.

Les marchés en très forte expansion sont situés dans les parties nord et ouest du continent et représentent 63% du nombre total de connexions en Afrique. Parmi les marchés les plus actifs, on trouve le Nigeria, l'Afrique du

---

[1] D'après l'UIT, le nombre d'abonnés mobiles en Afrique a augmenté de plus de 1 000 % entre 1998 et 2003 pour atteindre les 51,8 millions et a depuis longtemps dépassé celui des lignes fixes, qui était de 25,1 millions à la fin de l'année 2003.

Sud, le Gabon et le Maghreb. Dans de nombreux pays, le revenu des opérateurs de télécoms est supérieur à 30% (à titre d'exemple, la Zambie a atteint la barre de 53% en 2010, Madagascar 45%, la Tanzanie 40%, le Gabon 40% et le Cameroun 39%).

Avec l'arrivée des technologies larges bande (3G, fibre optique)[1] et l'extension du réseau aux zones les plus reculés, l'offre des opérateurs est appelée à ses diversifier vers des services de type mobile banking, e-commerce, couplée à une baisse conséquente des tarifs de communication.

---

[1] Plusieurs projets de grande envergure sont déjà en cours en Afrique pour doper la connectivité du continent, notamment Africa One conçu par AT&T pour le câble, et Rascom pour les communications par satellites.

Conclusion

Le multimédia mobile reste un domaine en devenir. Il n'a certainement pas déroulé toute la force de sa séduction. Pas plus qu'il n'a épuisé les contours des applications dont il est porteur. Aussi est-il fascinant de témoigner, en observateur averti, de cette évolution fantastique des réseaux de télécommunications, sous le prisme des usages et des transformations subséquentes qui modèlent et remodèlent la société.

Dans cet ouvrage, nous n'avons certainement pas épuisé la question, au regard de la richesse du champ applicatif de la technologie mobile et de la diversité des normes qu'elle recouvre. Et au regard de la multiplicité des services offerts, de la diversification des terminaux d'accès et de l'augmentation sans cesse croissante des débits, il ne fait aucun doute que les systèmes de télécommunications mobiles sont appelés à évoluer de manière encore plus éblouissante dans les prochaines années.

Alors qu'on a à peine célébré les prémices de la 3G, de nouvelles évolutions de cette norme ont déjà été déployées avec succès sous la forme de 3,5G, 3G++, HSDPA, EV-DV, etc. A l'heure où d'autres technologies radio (Wi-Fi, Wimax) mettent en avant leurs qualités, les enjeux de ces évolutions, appelées à consacrer pleinement la 4G (LTE, LTE Advanced), dessinent sans cesse les enjeux du nouvel écosystème de la mobilité.

Nous ne saurions clore cet ouvrage sans évoquer les enjeux stratégiques liés au développement futur du multimédia mobile. Ceux-ci sont notamment sécuritaires, commerciaux et technologiques. A l'heure où les premiers virus dédiés aux téléphones portables apparaissent, où les intrusions sur les bornes Wi-Fi mal protégées sont légions et où des vols de terminaux (notamment des PC avec toutes leurs informations sensibles) défraient la chronique, l'enjeu est de limiter l'impact possible de ces attaques qui pourraient mettre à mal les systèmes d'information d'entreprise.

Sur le plan commercial, le passage aux services de type data à moyen et haut débit propres à la 3G permet aux opérateurs de créer de multiples services à valeur ajoutée. Du coup, le modèle de revenus, qui était basé sur une tarification de services à la durée, où dominaient les applications limitées au transport de la voix, s'en trouve bouleversé par une montée en puissance des services data et par l'adoption d'une tarification basée sur le volume de données échangées. Apparaissent alors de nouveaux gisements de recettes basés notamment sur de nouveaux services, comme la transmission de données à haut débit ou la géolocalisation, de nouveaux modèles économiques permettant la perception de commissions lors des transactions ou provenant de la publicité.

Toutefois, l'essor rapide des services de contenus mobiles dépendra, pour bonne part, du degré d'entente auquel parviendront les différentes parties prenantes (fournisseurs, opérateurs, constructeurs) à trouver un consensus sur les plateformes technologiques de diffusion.

Sur le plan technologique, les enjeux de demain tournent autour de l'avènement de la 4G[1] et ses applications subséquentes... Pour les opérateurs et industriels du multimédia mobile, cela appelle de nombreux défis au-delà des opportunités offertes par la capacité prodigieuse des débits :

- l'amélioration constante de la qualité de service...

- la simplification et la standardisation des normes, des systèmes d'exploitation et des applications

- une meilleure intégration de l'offre Internet mobile à travers le triple et/ou quadruple play...

- le positionnement par rapport à la concurrence : apparition de nouveaux opérateurs (MVNO ou opérateurs mobiles virtuels) et de nouveaux services basés sur la convergence,

- la recherche de relais de croissance dans la création de nouveaux services (vidéo, musique, jeux, visiophonie, sans contact...),

- l'intégration des applications de la 4G : LTE, LTE Advanced, Wimax, FTTH (fibre optique jusqu'au domicile),

- la neutralité technologique,

- l'itinérance et la portabilité des numéros...

---

[1] La quatrième génération de téléphonie mobile est déjà en cours d'expérimentation dans de nombreux pays. Des tests opérationnels concluants ont été menés sur plusieurs sites en France depuis 2009 sous l'autorisation de l'ARCEP, permettant d'atteindre des pics de débits de 300 mégabits/s.

Glossaire

2G : Réseau de deuxième génération.

3G : Réseau de troisième génération.

3GPP (Third Generation Partnership Project) : Emanation de l'ETSI et de l'UMTS Forum pour le pilotage des spécifications de la 3è génération de téléphonie mobile

4G : Réseau de quatrième génération.

ARCEP : Autorité de Régulation des Communications Electroniques et des Postes.

ARPU (Average Revenue Per User) : Revenu moyen par abonné exprimé en général en euros par abonné et par mois.

Bande passante : Plage de fréquences utilisées pour transmettre un signal.

Broadband (large bande) : Expression utilisée pour désigner les réseaux de transmission à haut débit (comme l'ADSL ou l'UMTS par exemple) qui permettent la diffusion de contenus multimédias.

BLR (Boucle Locale Radio) : Offre de réseau sans fil à très haut débit (jusqu'à 1.5 Gb/sec). Investissements lourds. Adaptée pour les zones rurales. Offre des débits supérieurs à l'UMTS en situation fixe.

Bluetooth : Norme de connexion sans fil utilisant la bande de fréquence des 2.4 Ghz permettant à tous les appareils numériques disposant du module adapté d'établir une communication sans fil entre eux. Portée inférieure à 10 mètres avec un débit inférieur à 1 Mbps. Usages actuels : relier entre eux de nombreux appareils de la maison (mobiles et immobiles...)

CDMA (Code Division Multiple Access) : Transmission données sans fil - Concurrent du GSM aux USA et en Asie.

DECT : Réseau de téléphonie mobile vocale de courte portée (de 10 m à 300 m en champ libre). Très fortement implanté sur les téléphones fixes sans-fil.

EDGE (Enhanced Data for GSM Evolution) : Technologie qui permet d'augmenter la vitesse de transmission des données sur l'infrastructure de réseau GSM, grâce à une modulation plus efficace. Elle permet d'atteindre dans des conditions idéales les 384 Kbits/s en GPRS.

EMS (Enhanced Message Service) : Une technologie intermédiaire de messagerie mobile pour composer et transmettre des messages courts de et vers les terminaux mobiles, plus long que le SMS (6 fois plus environ) permettant la transmission de petites images en couleur et des sons.

ETSI (European Telecomunications Standards Institute) : Organisme pan-européen de standardisation des télécommunications mobiles.

FAI : Fournisseur d'Accès Internet.

FOMA : Norme japonaise pour les réseaux de troisième génération, basée sur WDCMA. Elle a été mise en route en octobre 2001 pour des usages essentiellement B2B.

GPRS (Global Packet Radio Service) : La norme GPRS permet une transmission des données en mode paquet sur une infrastructure de réseau GSM. Elle permet également l'utilisation optimale du réseau GSM pour des services de type Internet et offre des débits qui pourraient atteindre 100 Kbits/s (environ 10 fois supérieurs à ceux du GSM).

GSM (Global System Mobile) : Global System for Mobile communications, norme européenne pour les équipements de téléphonie mobile.

Hotspot : Lieu ou espace de connexion à l'Internet sans fil grâce au Wi-Fi.

IMPS (Instant Messaging Presence Shared content) : Messagerie instantanée sur les Mobiles. Les opérateurs aimeraient répliquer le succès des solutions d'"Instant Messaging" sur les téléphones mobiles. Un projet d'inter-opérabilité. Voir IOP

IMT 2000 (Internet Mobile Telecommunications-2000) : Norme mondiale des services mobiles multimédias haut débit, qui prévoit une itinérance mondiale de ses utilisateurs. Elle devrait se substituer aux systèmes existants. Elle est définie par l'UIT.

IOP (InterOperability Group) : Groupement des principaux fournisseurs de solutions logicielles pour le MMS ayant pour but de favoriser l'inter-opérabilité des différents systèmes pour le MMS. Ce groupe travaille aussi dans le développement de la messagerie instantanée à travers le groupement "Wireless Village - The Mobile IMPS Initiative".

IrDA (Infra Red Data Association) : Standard de transmission de données sans fil utilisant l'infra-rouge. Portée inférieure à 2 mètres. La plupart de vos appareils numériques en sont dotés: PDA, portables, téléphones mobiles... Obligation de placer les appareils en face à face et sans obstacles, ce standard tend à être supplanté par Bluetooth.

M-commerce : Le Mobile-commerce, représente la capacité à vendre un produit ou un service par le biais des terminaux mobiles tels que les téléphones portables, Smartphone ou PDA.

Mobinaute : Terme utilisé pour désigner l'utilisateur du téléphone mobile.

MMS (Multimedia Messaging Service) : Technologie permettant d'émettre et recevoir sur un téléphone mobile des messages multimédias. Les messages pourront comporter du texte, de l'image animée et du son. Le poids moyen d'un message se situe à environ 15 ko. Selon le Gartner Group, 80% du parc de téléphones mobiles pourraient recevoir des MMS d'ici 2005.

Multimédia mobile : Ensemble de technologies, de services et d'applications numériques dont l'exploitation sur un réseau de télécommunication mobile permet la transmission et l'utilisation de données, voix, textes et images en contexte nomade.

Multimédia nomade : Voir Multimédia mobile.

OS (Operating System) : Système d'exploitation mobile.

OTA (Over The Air) : Protocole de transmission de données depuis un serveur vers un terminal WAP.

PDA (Personal Digital Assistant) : Assistant Personnel Numérique. Ordinateur de poche disposant d'un agenda, d'un carnet d'adresses et d'autres logiciels. Les PDA sont équipés d'un clavier ou d'un écran tactile.

PKI (Public Key Infrastructure) : Infrastructure de sécurité à clefs publiques, permettant la mise en place d'une chaîne de certification depuis ses autorités habilitées jusqu'à l'utilisateur final.

Roaming (itinérance) : Il s'agit du transfert d'une communication du réseau d'origine à un autre réseau. Le client qui se déplace, en Europe par exemple, a la possibilité de garder le même numéro de téléphone. Cette itinérance internationale permet aux clients de bénéficier des mêmes services en Europe et d'être joints quelques que soient leur position.

SIM (Subscriber Identification Module) : Carte à puce d'identification de l'abonnement d'un abonné à un réseau mobile.

SIM Toolkit (Subscriber Identification Module Toolkit) : Systèmes de développement de logiciels embarqués sur carte SIM.

SMS (Short Message Service) : Système de messages courts propre au réseau GSM.

Streaming : Envoi de flux continu d'informations qui seront traitées instantanément avec la possibilité d'afficher les données avant que le fichier ne soit intégralement téléchargé.

Synchronisation : La synchronisation est une mise à jour des données par croisement des modifications apportées par différents utilisateurs et à différents moments sur une même base. Pour les utilisateurs de PDA, elle consiste en l'échange de données entre PDA et PC (ou GSM), qui permet une mise à jour des informations sur les deux plates-formes. La synchronisation permet également l'installation d'applications sur le PDA.

SyncML (Syncrhonization Markup Language) : Standard de synchronisation entre une base de données embarquée dans un petit terminal et une base de données d'un serveur, ou entre deux bases de données embarquées.

TDMA (Time Division Multiple Access) : Mécanisme technique de transmission de données sur un réseau sans fil par allocation de périodes temporelles. Le réseau GSM est basé sur TDMA, mais des normes concurrentes américaines sont aussi basées sur TDMA.

Triple play : Le triple play est la fourniture d'accès Internet haut débit, de la téléphonie fixe et de la télévision, par un même fournisseur qui regroupe le tout sous une même offre et sous un même package.

UAProf (User Agent Profile) : Spécification WAP permettant la description et le transport des caractéristiques d'un terminal et du réseau employé vers un serveur dans l'objectif de réaliser une meilleure adaptation du contenu.

UIT (Union Internationale des Télécommunications) : Organisme international sous l'égide des Nations Unies, habilité pour définir des normes et standards internationaux dans le domaine des télécommunications.

UMTS (Universal Mobile Telecommunication System) : Ensemble de spécifications propres à la 3è génération de téléphonie mobile. Permettra un accès permanent à l'Internet Haut Débit. Les opérateurs annoncent une capacité de 2 Mbps.

UMTS Forum : Forum sur l'UMTS regroupant des industriels et des opérateurs mobiles.

UTRAN (UMTS Terrestrial Radio Access Network) : Réseau d'accès UMTS.

VoIP : La voix sur réseau IP, également appelée téléphonie IP ou téléphonie sur Internet, est l'une technique qui permet de communiquer par voix à distance via le réseau Internet, ou tout autre réseau acceptant le protocole TCP-IP.

VPN (Virtual Private Network) : Le réseau privé virtuel est constitué de liaisons virtuelles entre des sites appartenant à un même organisme, à une même communauté thématique d'utilisateurs, ou à des sites travaillant ensemble sur un même projet. Une liaison virtuelle est une liaison à bande passante réservée, et isolée des autres flux, définie par l'opérateur du réseau à travers une (plus grosse) liaison de données. L'opérateur du réseau garantit la bande passante, ainsi que l'isolement vis à vis des autres trafics.

WAP (Wireless Application Protocol) : Le WAP est un protocole spécifique qui permet d'accéder à des serveurs d'information depuis un téléphone mobile fonctionnant sur le réseau GSM.

W3C (World Wide Web Consortium) : Organisme de standardisation des protocoles et langages du Web.

WAP (Wireless Application Protocol) : Ensemble des spécifications produites par le WAP Forum

WAP Forum (Wireless Application Protocol) : Consortium d'entreprises privées cherchant à standardiser l'accès aux données par des terminaux sans fil.

WCDMA (Wireless Code Division Multiple Access) : Standard de réseau sans fil de 3è génération. Il permet la transmission de voix, données à haut débit (2 Mb/sec) - voir UMTS.

Wi-Fi (Wireless Fidelity) : Norme de communication radio sans-fil, encore appelée 802.11b utilisant la bande des 2.4 GHz. Offre un débit théorique pouvant monter jusqu'à 11 Mbps à une portée de 100 mètres. Usages : PC portables, PDA, smartphones, réseaux locaux d'entreprise sans fil. Convient à une utilisation sédentaire de l'utilisateur.

WIM (Wireless Identity Module) : Carte à puce de stockage de clefs et certificats.

Wimax (World Interoperability for Microwave Access) : Technologie permettant d'accéder à l'Internet sans fil à très haut débit. C'est une des évolutions du wi-fi.

WML (Wireless Markup Language) : Langage de description de pages propre au WAP.

WTA (Wireless Telephony Application) : Spécification du WAP visant à normaliser l'accès aux fonctions de téléphonie depuis une application WAP.

WTLS (Wireless Transport Layer Security) : Protocole d'établissement d'une session sécurisée propre au WAP, pendant de SSL en WAP 1.x.

XHTML (Extensible HyperText Markup Language) : Evolution du HTML vers un langage modularisé de présentation des pages sur XML : meilleure séparation fond, forme et structure des données.

XML (Extensible Markup Language) : Langage de description des contenus, messages et documents séparant le fond, la forme et la structure.

Bibliographie

Bull : *L'atout mobilité*, Livre blanc, mai 2004

Claude Servin, *Réseaux et Télécoms*, Editions Dunod, Collection Sciences Sup – 2006, 940 pages.

D. Kaplan & H. Lafont (coll) , *"Mobilités.net"* - Villes, transports, technologies face aux nouvelles mobilités-, sous la direction de Daniel Kaplan & Hubert Lafont, Fing, 2004.

Dubreuil, Vincent : *Le marketing du multimédia mobile*, Editions d'organisation, 2003, 494 pages.

Riguidel, Michel : *Le téléphone de demain*, Le Pommier, La cité des sciences et de l'industrie, 2004, 61 pages

UIT, *Profil statistique 2009 de la société d'information en Afrique*, 2009

Webographie

- www.itu.int
- www.bestofmicro.com
- www.tmgtelecom.com
- //servicemobiles.typepad.com
- www.elanceur.org/
- www.connexion-mobile.net
- www.orange.fr
- www.sfr.fr
- www.zdnet.fr
- www.journaldunet.com
- www.3gpp.org
- www.fing.org/
- www.forum-umts.org
- www.entreprises.bouyguestelecom.fr
- www.atelier.fr/

- www.francetelecom.com/
- www.voice-over-internet.info
- www.elenbi.com/
- www.pdafrance.com/
- www.latribune.fr
- www.mwif.org
- www.futura-sciences.com
- www.awt.be
- www.01net.com
- www.nokia.fr
- www.internetactu.net
- www.bestofmicro.com
- www.iq4news.com
- www.frameip.com
- www.solucom.fr

Liste des tableaux

Table des matières

www.ingramcontent.com/pod-product-compliance
Lightning Source LLC
La Vergne TN
LVHW042340060326
832902LV00006B/302